Fabian Lenk

Die Zeitdetektive

Francis Drake, Pirat der Königin

Fabian Lenk

Die Zeitdetektive

Francis Drake, Pirat der Königin

Band 14

Mit Illustrationen von Almud Kunert

Ravensburger Buchverlag

Bibliografische Information der Deutschen Nationalbibliothek

Die Deutsche Nationalbibliothek verzeichnet diese Publikation in der Deutschen Nationalbibliografie; detaillierte bibliografische Daten sind im Internet über **http://dnb.d-nb.de** abrufbar.

1 2 3 4 12 11 10 09

Umschlag und Innenillustrationen: Almud Kunert
Lektorat: Jo Anne Brügmann

Printed in Germany

ISBN 978-3-473-34533-5

www.ravensburger.de
www.fabian-lenk.de

Inhalt

Kim, Julian, Leon und Kija – die Zeitdetektive

Die schlagfertige Kim, der kluge Julian, der sportliche Leon und die rätselhafte, ägyptische Katze Kija sind vier Freunde, die ein Geheimnis haben …
Sie besitzen den Schlüssel zu der alten Bibliothek im Benediktinerkloster St. Bartholomäus. In dieser Bücherei verborgen liegt der unheimliche Zeit-Raum „Tempus", von dem aus man in die Vergangenheit reisen kann. Tempus pulsiert im Rhythmus der Zeit. Es gibt Tausende von Türen, hinter denen sich jeweils ein Jahr der Weltgeschichte verbirgt. Durch diese Türen gelangen die Freunde zum Beispiel ins alte Rom oder nach Ägypten zur Zeit der Pharaonen. Aus der Zeit der Pharaonen stammt auch die Katze Kija – sie haben die Freunde von ihrem ersten Abenteuer in die Gegenwart mitgebracht.

Immer wenn die drei Freunde sich für eine spannende Epoche interessieren oder einen mysteriösen Kriminalfall in der Vergangenheit wittern, reisen sie mithilfe von Tempus dorthin.

Tempus bringt die Gefährten auch wieder in die Gegenwart zurück. Julian, Leon und Kim müssen nur an den Ort zurückkehren, an dem sie in der Vergangenheit gelandet sind. Von dort können sie dann in ihre Zeit zurückreisen.

Auch wenn die Zeitreisen der vier Freunde mehrere Tage dauern, ist in der Gegenwart keine Sekunde vergangen – und niemand bemerkt die geheimnisvolle Reise der Zeitdetektive …

Sieg auf dem Weiher

„Haut rein!", rief Kim lachend. Sie saß mit Kija auf dem Schoß im Bug des Ruderboots, während sich Leon und Julian in die *Riemen* legten. Es war ein sonniger Tag in den Sommerferien, und die Freunde hatten beschlossen, ihn am See ihres Heimatstädtchens Siebenthann zu verbringen. Hier gab es ein Schwimmbad, einen Minigolfplatz und den Bootsverleih.

„Wir können gerne die Plätze tauschen", erwiderte Julian. Es war ziemlich heiß, und er sah überhaupt nicht ein, warum er sich unnötig abrackern sollte.

„Genau, genieß die Landschaft und entspann dich, Kim", sagte Leon. „Schließlich haben wir Ferien!"

„Ich will euch ja nicht hetzen, Jungs", gab Kim zurück, „aber die drei Heinis aus der Nachbarklasse haben Kurs auf uns genommen."

Nun drehten sich Julian und Leon um. Ein anderes Ruderboot näherte sich ihnen, und zwar außerordentlich schnell.

„Das sind ausgerechnet Maximilian, Jonas und der

dicke Nils“, Julian stöhnte. Die drei waren an der ganzen Schule verschrien, weil sie nichts als Blödsinn im Kopf hatten und immer wieder durch Prügeleien unangenehm auffielen.

Johlend winkten sie den Gefährten zu.

„Von denen werden wir uns nicht überholen lassen“, kündigte Kim an. „Lass mich mal.“ Sie wechselte mit Julian den Platz.

Kim und Leon gaben alles, konnten aber nicht verhindern, dass das andere Boot sie einholte.

„Wen haben wir denn da?“, tönte Nils, sobald sie auf gleicher Höhe waren. Es trennten sie nur noch etwa fünf Meter. „Drei lahme Schnecken und eine alte, doofe Katze.“

Seine Freunde lachten.

„Halt die Klappe!“, rief Kim. Sie spürte, wie sie sauer wurde. „Kija ist nicht alt und dreimal schlauer als du!“

Der dicke Nils stand auf, was das Boot gefährlich schwanken ließ.

„Vorsicht“, mahnte Leon feixend. „Du wirst euer Boot noch zum Kentern bringen!“

Nils deutete mit dem Finger auf sie. „Nehmt den Mund nicht so voll, Leute, sonst versenken wir euch. Ich wette, die alte Katze kann nicht schwimmen!“ Beifall heischend wandte er sich an seine Freunde, die wieder grölten.

Kim schloss die Augen. Die Kerle gingen ihr wirklich beträchtlich auf den Keks. „Sie kann's. Und noch ein paar andere Dinge, von denen du noch nicht mal zu träumen wagst", entgegnete sie gereizt.

Doch Nils schüttelte den Kopf. „Katzen hassen Wasser. Und weißt du warum? Weil sie eben nicht schwimmen können."

Kim zeigte ihm einen Vogel.

„Na gut, wir werden es ja sehen", rief Nils und hob die Faust. „Jetzt *entern* wir den Pott und werfen diese Schlaumeier ins Wasser! Angriff!"

Jonas und Maximilian, die an den Riemen saßen, drehten das Boot so, dass der Bug genau auf den Kahn der Freunde zeigte.

„Volle Kraft voraus!", kommandierte Nils, der stehen geblieben war.

„Diese Verrückten wollen uns rammen", sagte Julian erschrocken. „Wie müssen auf Kija aufpassen."

Der Katze war die drohende Gefahr nicht entgangen. Ihre Augen waren ängstlich geweitet. Sie miaute klagend.

„Jetzt reicht es!", zischte Leon. Seine Hände schlossen sich fest um den Riemen, während das andere Boot schnell näher kam. Der Junge sah das selbstgefällige Grinsen in Nils' Gesicht. Nun winkte er auch noch. Was für ein Blödmann! Aber gleich würde er ein nasser

Blödmann sein. Noch drei Meter, noch zwei. Jetzt kam Leons Stunde. Wie mit einer Lanze stieß er mit dem Ruder zu und traf das heranrauschende Boot schräg neben dem Bug. Der Schlag ließ den Kahn erzittern und prompt geriet Nils aus dem Gleichgewicht. Er vollführte einen seltsamen Tanz, bevor er über Bord ging und mit einem lauten Platsch ins warme Wasser des Weihers plumpste.

Gleichzeitig rammte sein Boot das der Freunde, die sich aber gut festhielten. Ihnen geschah nichts. Im Gegenteil: Durch den Aufprall entfernten sich die beiden Boote wieder etwas voneinander. Jonas und Maximilian versuchten, ihren Kumpel an Bord zu hieven, während die Gefährten davonruderten.

„Gute Aktion, Leon!“ Kim und Julian lachten.

„Danke!“, erwiderte Leon grinsend. „Die haben sich aber auch zu dämlich angestellt. Als Piraten hätten die nie Karriere gemacht.“

„Das haben wohl die wenigsten“, sagte Kim. „Selbst so berühmte wie *Anne Bonny* wurden irgendwann geschnappt!“

„Mir fällt noch *Klaus Störtebeker* ein“, rief Leon. „Der wurde geköpft, soviel ich weiß.“

„Ja, die meisten haben ein schlimmes Ende genommen.“ Kim ruderte langsamer, weil der Anlegesteg nur noch wenige Bootslängen entfernt war.

„Aber nicht alle", korrigierte Julian. „Ein Pirat wurde sogar von der englischen Königin zum Ritter geschlagen: *Francis Drake*."

„Geadelt? Das kann ich mir nicht vorstellen", sagte Leon.

Jetzt hatten sie den Anleger erreicht. Kija sprang als Erste von Bord.

„Doch, ich bin mir ziemlich sicher", beharrte Julian. „Aber wir können ja nachschauen. Ein Blick ins Internet würde genügen. Habt ihr Lust?"

Leon und Kim waren dabei. Eine halbe Stunde später saßen sie in der altehrwürdigen Bibliothek des Bartholomäusklosters und surften im Internet. Die Bücherei hatte über die Mittagszeit geschlossen, aber Julian besaß ja einen Schlüssel. Rasch war er mit der Hilfe einer Suchmaschine fündig geworden.

„Seht ihr", rief er triumphierend, „hier steht's: Königin *Elisabeth I.* schlug Francis Drake am 4.4.1581 zum Ritter, weil er sich so viele Verdienste für England erworben hatte."

„Wie denn das?" Leon runzelte die Stirn.

„England und Spanien kämpften damals um die Vorherrschaft als Seemacht", las Julian vor. „Die Spanier beherrschten die Küsten Südamerikas, trieben dort Handel und bauten Gold und Silber in Minen ab. Konkurrenz wurde nicht geduldet. Doch Drake scherte sich offenbar nicht darum. Er griff immer wieder die spanischen Schatzschiffe an und plünderte sie aus – mit Billigung der englischen Königin, denn Drakes Überfälle schwächten die spanische Flotte. Deshalb wurde Drake auch der ‚Pirat der Königin' genannt."

„Irre!", rief Kim, die mit Kija auf dem Arm hinter Julian stand.

„Hier steht noch was Spannendes!", fuhr Julian fort. „Sein größter Coup war der Überfall auf die *Cacafuego*!"

Leon lachte auf. „Was ist denn das für ein Name?"

Julian antwortete nicht gleich, sondern überflog den Text. „Das Schiff hieß eigentlich *Nuestra Señora de la Concepcion*. Aber weil es so viele Kanonen an Bord hatte und über eine sehr hohe Feuerkraft verfügte, wurde es ehrfürchtig Cacafuego genannt – der Feuerspucker."

Interessiert beugte sich Leon vor. „Und dieses Schiff hat Drake geentert?"

„Ja, obwohl sein *Flaggschiff*, die *Golden Hind,* viel schwächer bewaffnet war. Drake erbeutete sechsundzwanzig Tonnen Silberbarren, vierzig Kilo reines Gold und vierzehn Kisten mit Silbermünzen. Das entsprach der Hälfte der damaligen jährlichen Steuereinnahmen von ganz England! Und niemand wurde bei dem Überfall ernsthaft verletzt", rief Julian begeistert.

Kim schüttelte den Kopf. „Aber wie hat Drake das gemacht, wenn sein Schiff derart unterlegen war?“

„Das steht hier leider nicht“, antwortete Julian, während er den Text hin- und herscrollte. Er versuchte es auf einer anderen Internetseite, wurde aber auch dort nicht fündig. Dann nahmen die Freunde einige Fachbücher unter die Lupe.

„Hm, hier ist nur vermerkt, dass Drake im Februar 1579 von dem Piratennest *Arica* aus aufbrach und kurz darauf die Cacafuego überfiel“, sagte Kim, über einen dicken Wälzer gebeugt, und wiederholte ihre Frage: „Aber wie hat er das gemacht? Das will ich unbedingt wissen, Leute!“

„Ich auch!“, rief Leon. „Und wenn wir es in der Literatur nicht finden, gibt es nur noch eins …“

Kim zwinkerte ihm zu. „Genau, Tempus!“

Julian sah seine Freunde ungläubig an. „Ihr wollt an Bord eines Piratenschiffs?“

„Logo“, erwiderte Leon. „Vielleicht können wir uns da nützlich machen. Als Bootsjungen oder so. Und du hast doch gerade vorgelesen, dass bei dem Überfall auf die Cacafuego niemand verletzt wurde.“

„Es wurde niemand *ernsthaft* verletzt“, verbesserte Julian ihn. „Trotzdem ging es sicher ganz schön zur Sache.“

Kim klopfte Julian auf die Schulter. „Wir sind gewappnet", sagte sie lachend. „Immerhin haben wir gerade die Attacke vom dicken Nils überstanden!"

Schließlich gab Julian seinen Widerstand auf, obwohl ihm die Sache nicht geheuer war. Wenig später schoben sie mit vereinten Kräften das schwere Regal zur Seite, hinter dem der geheimnisvolle Zeit-Raum Tempus verborgen war. Anders als sonst drängte sich Kija nicht vor. Kim ahnte, dass die kluge Katze wusste, wohin die Reise gehen sollte. Und Kija war keine große Freundin von Wasser und Schiffen. Die Katze hielt sich dicht hinter Kim, die als Erste den scheinbar endlosen Raum betrat, in dem das übliche diffuse, blaue Licht herrschte.

Nebel waberten wie fein gewobene Schleier um sie herum. Tausende von Türen, über denen je eine Jahreszahl prangte, schlugen in einem aberwitzigen Tempo auf und zu. Beunruhigende Geräusche drangen an die Ohren der Freunde, die über den im Rhythmus der Zeit pulsierenden Boden liefen und die Tür mit der Zahl 1579 suchten. Da die Zahlen keiner Gesetzmäßigkeit gehorchten, war es reiner Zufall, wann die Gefährten die richtige Pforte fanden. Zudem war das Licht heute besonders schlecht, sodass es den Freunden schwerfiel, die Zahlen überhaupt zu entziffern. Und so war es diesmal ein Geruch, der sie auf die richtige Fährte brachte.

„Wartet mal", rief Julian unvermittelt. „Hier riecht es nach salziger Seeluft!" Er ging dicht an den Türen vorbei. Und tatsächlich, plötzlich schälte sich das Tor mit der Zahl 1579 aus dem Nebel!

Die Freunde fassten sich an den Händen und konzentrierten sich ganz auf Arica. Denn nur so konnte Tempus sie an den richtigen Ort bringen. Dann machten sie den einen, aber entscheidenden Schritt durch die Tür in ein neues Abenteuer und fielen in ein schwarzes Nichts.

Der Feuerspucker

Der Himmel war tintenschwarz und mit Millionen von Sternen gesprenkelt. Eine frische Brise trieb Wolkenfetzen über das Firmament, die über die fahle Scheibe des Mondes glitten und sie immer wieder dem Blick entzogen. Eine Möwe kreischte unmittelbar über Leons Kopf, und er zuckte zusammen. Wo waren sie gelandet? Als sich Leon mit der Zunge über die Lippen fuhr, schmeckte er Salz. Langsam gewöhnten sich seine Augen an das Dunkel, und ebenso langsam nahmen er und seine Freunde ihre unmittelbare Umgebung war. Der Boden unter den Füßen der Gefährten schwankte leicht, und spätestens jetzt wurde ihnen bewusst, dass sie auf einem Schiff standen – genauer gesagt auf dem *Vorderkastell*, von dem sich der *Fockmast* in den dunklen Himmel erhob. Genau durch diesen Mast hatte sie Tempus auf das Schiff geschickt – und diesen Mast würden sie auch brauchen, um wieder zurück nach Siebenthann zu kommen. Leon blickte an sich herab. Tempus hatte sie wieder bestens ausgerüstet. Sie trugen alle weit geschnittene Hemden, dicke Jacken, gefütterte Hosen und feste Lederstiefel, die bis über die Knöchel reichten. Kija schaute die Freunde mit weit geöffneten Augen an. Ihr schien die Sache nicht ganz geheuer zu sein.

Rund um sie herum war Wasser. Etwa fünfzig Meter entfernt entdeckte Kim einen schmalen Streifen Strand, dahinter Häuser, aus deren Fenstern Licht fiel. „Ob wir auf der Golden Hind sind?" Unwillkürlich hatte sie die Stimme gesenkt, auch wenn weit und breit niemand an Bord zu sehen war.

Anstatt zu antworten, ging Leon zur *Reling*. Vor ihm breitete sich das Meer aus, schwarz bis dunkelgrau. Das Mondlicht überzog die Wellen mit hellen Schlieren. Leon schaute nach links. Er schätzte, dass die *Galeone* rund dreißig Meter lang war. Zwei weitere Masten erhoben sich in der Mitte und vor dem *Achterkastell* des Schiffs – der Hauptmast und der *Besanmast*. Leon schaute in die andere Richtung. Dort ragte der *Bugspriet* wie ein drohender Finger schräg nach oben. Es gluckerte und Leons Blick glitt hinunter zum Wasser. Dabei erkannte er, dass am Schiffsrumpf etwas aufgepinselt war. Leons Puls beschleunigte sich, während er den Namen der Galeone entzifferte.

„Ja, es ist die Golden Hind", sagte er begeistert, als er wieder neben seinen Freunden stand. „Aber wieso ist hier niemand?"

„Seid mal leise", forderte Julian. „Ich glaube, ich habe da gerade Stimmen gehört!"

Gebannt lauschten sie. Und tatsächlich: Vom Achterkastell kamen gedämpft Stimmen. Jetzt tauchte ein Lichtschein auf, er tanzte über das Deck wie ein Glühwürmchen.

„Da kommen zwei Männer mit einer Laterne", sagte Kim. „Runter!"

„Wieso?", fragte Julian.

Kim zog ihn hinter das *Schanzkleid*. „Wie willst du denen erklären, wie wir hierher gekommen sind? Die werden uns für Diebe halten!"

Julian schluckte. Kim hatte Recht. Er machte sich so klein wie möglich.

Leon kauerte mit Kija ganz in der Nähe des kurzen *Niedergangs*, der zum Deck führte. Mit klopfendem Herzen wagte er es, hinunterzuschauen. Das Licht kam direkt auf sie zu! So ein Mist! Jemand lachte. Eine raue Stimme ertönte. Die Laterne wurde abgesetzt. Leon sah, wie die Männer sich aufs Deck setzten. Sie wandten den Gefährten den Rücken zu. Jetzt zog der eine Mann eine Flasche hervor und nahm einen langen Schluck. Dann reichte er die Flasche weiter. In beachtlichem Tempo kippten die beiden Männer den Inhalt in sich hinein. Wenig später streckten sie sich auf dem Deck aus und schliefen ein. Schnarchen dröhnte in die Nacht.

„Die beiden sind bestimmt als Wachen eingeteilt", sagte Kim. „Besonders ernst nehmen sie ihren Job aber nicht."

„Wo sind die anderen, wo ist Drake?", überlegte Julian laut. Wieder ließen ihn Geräusche aufhorchen. Sie waren von den Häusern am Strand gekommen. Laute Stimmen und Gelächter.

„Da ist bestimmt irgendeine Spelunke", sagte er. „Und ich würde wetten, dass dort Drake und die anderen sind." Er beugte sich über die Reling. „Seht mal, am Bug ist ein Beiboot vertäut. Ob wir uns das mal kurz ausleihen?"

„Gute Idee", rief Kim und nahm Kija auf den Arm. „Auf geht's!"

Keine fünf Minuten später zogen sie das Beiboot auf den schmalen Sandstreifen. Dort lagen bereits mehrere andere Boote. Ein unbefestigter Weg schlängelte sich hinauf zu einer Ansammlung von grob zusammengezimmerten Holzhäusern. Vor einer windschiefen Bude hing ein Netz, das jemand zum Trocknen aufgehängt hatte. Fischgeruch lag in der Luft.

Die Freunde erreichten das Haus, aus dem das Gelächter drang. Es war eine Kneipe, über deren Eingang ein Brett mit der Aufschrift „Zum *Enterhaken*" angenagelt war. Kim zögerte nicht lange, sondern griff zum Türknauf. Doch das war gar nicht nötig. Denn genau in diesem Moment flog die Tür auf und zwei Männer taumelten an den Kindern vorbei, die Hände schützend über die Köpfe gehoben.

„Wir gehen ja schon!“, schrie einer der beiden.

„Das rate ich euch auch, ihr Kröten!“, ertönte eine Stimme.

Die Freunde staunten. Im hell erleuchteten Rechteck der Tür erschien eine junge, drahtige Frau mit einem feuerroten Kopftuch, goldenen Ohrringen und einem erloschenen Zigarillo im Mundwinkel. Hinter ihr standen drei Männer, die Fäuste geballt.

„Ihr habt meine Gäste beklaut!“, zischte die Frau und spuckte den Stummel in einem äußerst kunstvollen Bogen aus. „Haut bloß ab!“

Die Diebe rannten den Weg hinunter und verschwanden in der Dunkelheit.

Der Blick der Frau fiel auf die Gefährten. „Und wer seid ihr, ihr Krümel?“

Julian trat einen Schritt vor. „Wir haben unsere Eltern verloren, als Piraten unser Fischerdorf überfielen. Und jetzt ...“

„Piraten?“, unterbrach die Frau ihn und lachte auf. „Gibt’s hier denn so etwas?“ Die Männer in ihrem Rücken brachen in schallendes Gelächter aus.

„So war es“, sagte Julian fast trotzig. „Jetzt sind wir auf der Suche nach Francis Drake. Wir brauchen

Arbeit und hoffen, dass wir auf seinem Schiff anheuern können."

Die Frau fischte hinter ihrem Ohr einen neuen Zigarillo hervor. „Die Mistkerle, die gerade meine Schenke lebend verlassen durften, gehörten zu Drakes Männern. Vielleicht braucht er ja Ersatz. Fragen könnt ihr sicher mal."

„Ist das deine Schenke?", fragte Kim. Die Frau imponierte ihr.

„Na klar, ich bin Dolores, und mir gehört der Schuppen", sagte die Wirtin. „Rein mit euch."

Die Luft war zum Schneiden. Es roch nach fettigem Essen, Rum, Tabak und Matrosen, die seit ihrer Taufe nur noch in absoluten Notfällen Süßwasser an ihre Körper gelassen hatten. An die siebzig Seeleute drängten sich in dem Schankraum. Die Männer kamen aus allen Ländern der Welt. Es waren Asiaten, Afrikaner und Europäer. Ihre Kleidung war höchst unterschiedlich. Ein kleiner Dicker trug eine Jacke mit goldenen Knöpfen, die womöglich mal einem Offizier gehört hatte, bevor er ausgeraubt worden war. Ein anderer hatte eine eng anliegende Reiterhose an, der nächste ein mit Rüschen besetztes, ehemals weißes und jetzt schmutzig graues Hemd. Die meisten trugen Ohrringe und Vollbärte. Es war keiner unter ihnen, der nicht eine Narbe hatte und erst recht keiner, der unbewaffnet war. Überall waren Messer, Dolche und Säbel zu sehen. Auf einem Tisch lag sogar eine *Donnerbüchse*. Die Männer tranken, johlten und spielten Würfel oder Karten. Ein Papagei flog krächzend durch den vernebelten Raum.

Kims Blick irrte durch die Spelunke. In einer Ecke saß ein Mann, der nicht zu den anderen passte. Er trug ein sauberes, blütenweißes Hemd, darüber eine fein geschneiderte, goldbraune Jacke. Sein rötlicher Bart war sorgsam gestutzt. Das Gesicht mit den ungewöhnlich hellen blauen Augen und den buschigen Brauen verriet Kühnheit, Intelligenz und Stolz. Diesen Mann umgab die Aura eines Königs, und Kim war sofort überzeugt, dass es sich bei ihm um Francis Drake handeln musste.

„Geht nur, der beißt nicht, jedenfalls meistens", meinte Dolores und begab sich hinter den Tresen, um Krüge zu füllen.

Etwas unschlüssig gingen die Freunde auf Drakes Tisch zu. Er war in ein Gespräch mit einem anderen Mann vertieft. Sie hatten die Köpfe zusammengesteckt, als wollten sie nicht, dass man ihnen zuhörte. Dieser andere Mann hatte lockige, schwarze Haare, dunkle Augen und eine gezackte Narbe auf der Stirn und redete mit Händen und Füßen auf Drake ein.

Als Kim nur noch wenige Schritte vom Tisch entfernt

war, hörte sie, wie der Mann mit den Locken ganz leise die Cacafuego erwähnte. Sofort war Kim alarmiert! Doch jetzt sah Drake auf und gab dem anderen Mann leider ein Zeichen zu schweigen.

Julian übernahm wieder die Gesprächsführung. Umständlich bat er den Kapitän darum, auf der Golden Hind anheuern zu dürfen.

„Ihr?“, fragte Drake. Seine Stimme hatte einen angenehmen Klang, sie war freundlich, fast schmeichelnd. Prüfend fixierte der Kapitän die Freunde der Reihe nach.

„Wir sind sehr fleißig und unsere Katze könnte die Mäuse an Bord fangen“, sagte Julian schnell.

„Mäuse haben wir nicht“, erwiderte Drake. „Nur Ratten. Aber gut, wir werden es versuchen. Denn ihr habt Glück – ich habe heute zwei junge Männer verloren. Sie waren elende Falschspieler. So was kann ich an Bord nicht gebrauchen. Und jetzt fehlen mir Bootsjungen, die die Decks schrubben und unserem Proviantmeister und *Smut* zur Hand gehen. Genau diese Arbeiten werdet ihr übernehmen.“ Sein Blick wanderte wieder zu Kim. „Was machen wir mit dir, Mädchen?“

„Ich kann auch gut zupacken!“, rief Kim.

Der Kapitän sog hörbar die Luft ein.

„Das kann sie wirklich“, sagten Julian und Leon.

Nun machte Drake eine abwehrende Handbewegung und lachte. „Schon gut, wenn ihr unbedingt zusammenbleiben wollt.“ Schlagartig wurde er ernst. „Aber ich warne euch: Wenn ihr versagt, schicke ich euch über die Planke. Ihr könnt euch uns anschließen, wenn wir diese Schenke verlassen. Doch jetzt lasst uns allein, wir haben noch was zu bereden.“

Da kein Tisch frei war, gingen die Freunde zurück zum Tresen.

Über die Planke schicken?, dachte Kim. Das klang nicht sehr lustig. Vermutlich meinte Drake damit, dass er sie auf hoher See über Bord werfen wollte. Kim schauderte. „Die haben sich gerade über das Schatzschiff unterhalten“, raunte sie ihren Freunden zu. „Und ich würde zu gerne wissen, was sie vorhaben.“

„Ich auch“, sagte Leon. „Aber wir können sie schlecht belauschen. Außerdem habe ich furchtbaren Durst.“

Dolores schien über die Ohren eines Luchses zu verfügen. „Durst? Willst du ein Glas Rum?“

Die Männer, die am Tresen herumlungerten, lachten.

„Nein, danke“, sagte Leon.

Dolores grinste und paffte ein Rauchwölkchen in die Luft. „Ihr könnt Milch haben, Ziegenmilch. Aber die Ziege müsst ihr selbst melken. Die steht nebenan im Stall.“ Sie deutete auf eine Tür neben Drakes Tisch.

Plötzlich hatte Kim eine Idee. „Gern, ich mach's!"

Julian und Leon schauten sie überrascht an und Kim zwinkerte ihnen heimlich zu.

„Na dann, viel Spaß! Ich muss dich jedoch warnen. Das ist keine normale Ziege …", sagte Dolores und tippte sich an die Stirn.

Kim zuckte mit den Schultern, während sie von Dolores einen Eimer und eine Stalllaterne in die Hände gedrückt bekam. „Das schaffe ich schon."

Wieder feixte Dolores. „Da wäre ich mir nicht so sicher."

Egal, dachte Kim. Sie hatte ohnehin was anderes vor, als sich mit einer offenbar verrückten Ziege herumzuschlagen. Zügig ging sie an Drake vorbei in den angrenzenden Stall. Mistgeruch stieg ihr in die Nase. Die Ziege war mit einem Strick an einen Balken angebunden und nahm Kim sofort ins Visier, während sie unruhig mit den kleinen Hufen aufstampfte. Sie hatte beachtliche Hörner.

Kim redete beruhigend auf sie ein, während sie die Umgebung musterte. Dann schlich sie zur Wand, hinter der Drake und der andere Mann sitzen mussten. Sie war nur grob zusammengenagelt. Durch eine Ritze zwischen zwei Latten konnte Kim in Dolores' Reich spähen. Ihr Herz schlug höher – sie blickte genau auf Drakes Tisch! Nun legte Kim ein Ohr an den Spalt. Sie war begeistert. Die Worte der Männer waren erstaunlich gut zu verstehen.

„Das Silber aus *Lima*?“, fragte Drake gerade. „Bist du dir sicher, Filipe?“

„Ja!“, stieß der andere Mann hervor. „Die Cacafuego fährt jedes Jahr die Küste entlang nach Norden und nimmt in den verschiedenen Häfen Silber, Gold und Edelsteine an Bord. Dabei legt die Galeone auch in *Callao* an. Das ist nur ein paar Kilometer von Lima mit seinen Silberminen entfernt, die die Spanier ausplündern. Und in Callao kommen die Schätze an Bord der Cacafuego. Ich habe es mit eigenen Augen gesehen!“

„Ach ja, warst du etwa an Bord?“, hakte der Kapitän nach.

„Nein, nicht direkt. Ich habe die Cacafuego beobachtet und wollte sie mit meiner Mannschaft überfallen. Aber wir haben uns an ihr die Zähne ausgebissen. Mein Schiff wurde versenkt, meine Freunde starben im Hagel der Kanonenkugeln. Ich habe als Einziger überlebt.“ Ein Hüsteln folgte.

„Von Callao segelt die Cacafuego bis zur Landenge von Panama“, fuhr Filipe fort. „Dort werden die Schätze ausgeladen und auf dem Landweg bis an die Atlantikküste weitertransportiert. Und von dort geht die Reise nach Spanien. Übrigens: In diesen Tagen müsste die Cacafuego wieder in Callao anlegen.“

Eine kurze Pause entstand. Dann war wieder Drake zu hören. „Ist es viel … Silber?“, fragte er leise.

Filipe lachte heiser. „Die Cacafuego muss vor Gold und Silber platzen. Was glauben Sie, warum die Galeone dreißig Kanonen und mindestens hundert Soldaten an Bord hat? Dieses Schiff ist eine schwimmende Festung.“

„Kein Schiff ist unverwundbar“, murmelte Drake.

„Sie wollen sie doch nicht etwa …“

Nun war es Drake, der lachte. „Sagen wir es mal so: Ich würde sie mir gern aus der Nähe anschauen.“

Kim bekam feuchte Hände. Offenbar hatte Drake gerade eben den Entschluss gefasst, die Cacafuego anzugreifen!

„Dann brauchen Sie unbedingt einen Navigator“, sagte Filipe jetzt. „Der Pazifik ist hier manchmal ziemlich ungemütlich, vor allem um diese Jahreszeit. Es gibt viel Nebel – und die Küste ist tückisch.“

Drake räusperte sich. Dann sagte er: „Und dieser Navigator willst du sein, nehme ich an?“

„Ich kenne diese Gewässer bestens, schließlich fahre ich hier bereits seit Jahren zur See“, erwiderte Filipe selbstbewusst.

„Nun gut“, erwiderte der Kapitän schließlich. „Du kannst mit an Bord. Aber damit eins klar ist: Deine *Heuer* bekommst du erst am Ende der Fahrt.“

„In Ordnung. Ich werde Sie und Ihre Mannschaft sicher zur Cacafuego führen", sagte Filipe hart. „Ich hasse dieses Schiff, ich hasse seine Kanonen. Ich habe mit der Cacafuego noch eine Rechnung offen."

Jetzt wurde ein Stuhl gerückt. „Das interessiert mich nicht. Gleich morgen brechen wir auf", entgegnete der Kapitän kühl. Dann verstummte das Gespräch.

Kim lehnte sich an die Wand. Dieser Filipe würde Drake und seine Piraten schon morgen zum randvoll gefüllten Schatzschiff bringen – und sie würden dabei sein! Irre! Das musste sie unbedingt Julian und Leon erzählen! Aber vorher wollte Kim noch die Ziege melken. Allerdings hatte sie keinen blassen Schimmer, wie das ging.

Kim machte vorsichtig einen Schritt auf das Tier zu. Der Körper der Ziege versteifte sich augenblicklich. Sie senkte den Kopf und sprang auf Kim zu. Wäre nicht der Strick gewesen, hätte die Ziege das Mädchen gerammt.

„Ich glaube, das lassen wir lieber", entschied Kim. „Und noch was: Du stinkst!" Damit huschte sie aus dem Stall.

Leon und Julian warteten am Tresen, auf dem sich Kija zusammengerollt hatte. Als Kim mit dem leeren Eimer neben ihnen stand, warf ihr Dolores einen spöttischen Blick zu.

Entschuldigend hob Kim die Schultern. „Ging leider nicht!"

Dolores lachte laut. „Das habe ich dir doch gesagt. Dann müsst ihr eben Wasser trinken – oder Rum wie alle hier."

„Lieber Wasser", erwiderte Kim freundlich und wartete, bis Dolores sich mit einem Seemann unterhielt. Dann wandte sie sich Leon und Julian zu. „Ich hab euch etwas Spannendes mitzuteilen, Jungs!"

Geheimnisvolle Signale

Es war kurz vor Mitternacht, als Drake das Signal zum Aufbruch gab. Seine sechzigköpfige Mannschaft schwankte wie ein Schiff im Sturm, als sie den „Enterhaken“ verließ. Nur Drake hielt sich kerzengrade, er schien als Einziger nicht betrunken zu sein.

Da fiel Leon siedend heiß etwas ein. „Hoffentlich merkt keiner, dass wir uns das Beiboot der Golden Hind ausgeliehen haben“, wisperte er seinen Freunden zu.

Sie hatten Glück. Die Dunkelheit und der Rumpegel der Mannschaft sorgten dafür, dass ihr kleines Manöver nicht auffiel. Die Männer verteilten sich auf die Boote und ruderten grölend zu ihrem Schiff. Wenig später waren alle an Bord. Der grausame Gesang nahm an Lautstärke zu, bis plötzlich ein schneidendes Kommando ertönte. „Ruhe, verdammt noch mal!“, bellte Drake.

Augenblicklich kehrte Stille ein.

„Wo“, fragte der Kapitän drohend, „wo um alles in der Welt sind die Wachen?“

„Hier, Sir“, rief ein dunkelhäutiger, muskelbepackter Hüne. „Auf der *Back*. Sie schlafen.“

„Herbringen!“, ordnete der Kapitän an. Sekunden später standen die beiden Männer leicht schwankend vor Drake.

„Ihr habt gegen meine Befehle verstoßen, während der Wache getrunken und den Verlust des Schiffes riskiert“, sagte Drake hart.

Beschämt schauten die beiden Matrosen zu Boden.

Der Kapitän nickte dem Hünen zu. „*Diego*, du weißt, was zu tun ist.“

„Aye, Käpt'n, ich gebe ihnen je fünf.“

Entsetzt sahen die Freunde, wie die beiden Matrosen an den *Hauptmast* gebunden wurden und Diego plötzlich eine Peitsche in der Hand hatte. Mit Drake war offensichtlich nicht zu spaßen. Dieser Mann war nicht nur der Kapitän auf der Golden Hind. Er war auch der Richter, er war das Gesetz an Bord, er entschied über Leben und Tod.

„Glotzt nicht rum!“, herrschte Drake den Rest der Mannschaft an. „Zwei Mann übernehmen die Wache. Die anderen verschwinden unter Deck. Morgen erwartet euch ein anstrengender Tag.“ Mit diesen Worten ging er an der *Ruderpinne* vorbei nach *achtern*, wo sein Salon und Schlafraum lagen.

„Kommt, ich zeige euch, wo ihr schlafen könnt.“ Ein

schmächtiger Junge, der nicht viel älter war als die Freunde und eine Laterne in der Hand hielt, grinste sie an. Er hatte ein gelbes Kopftuch und trug eine weite Hose und eine verblichene Weste über dem dunkelblauen Hemd. In seinem von struppigen rotblonden Haaren eingerahmten Gesicht fiel als Erstes die lange, spitze Nase auf, die dem Jungen etwas Maushaftes gab.

„Ich bin *John*“, sagte der Junge, als er die fragenden Blicke von Julian, Kim und Leon bemerkte. „Drakes Neffe. Mein Onkel ist der beste Freibeuter der Meere. Manchmal wirkt er etwas streng, aber er würde sich jederzeit bedingungslos vor seine Leute stellen – solange sie ihm gehorchen.“

„Und du bist auch ein ... Pirat?“, fragte Leon mit leichter Bewunderung in der Stimme.

John lachte kurz auf. „Aber ja doch. Und jetzt kommt!“

Die Freunde folgte ihm. *Mittschiffs* kletterte John einen Niedergang hinunter. Kim nahm Kija auf den Arm und stieg den anderen hinterher.

„Die Golden Hind hat drei Decks. Das *Oberdeck*, das *Geschützdeck*, wo wir uns gerade befinden, und schließlich das Deck mit der Kombüse und den Vorratskammern. Das liegt unterhalb der Wasserlinie", erklärte John. Im Licht der Laterne, die John über seinem Kopf hielt, sahen die Freunde eine matt glänzende Kanone auf ihrem fahrbaren, jetzt festgezurrten Gestell vor dem geschlossenen *Luk*. Daneben standen massive Kisten, gefüllt mit Kugeln. Es roch nach Pulver und Schwefel. Etwas Dickes, Pelziges huschte vor ihren Füßen über das Deck und verschwand im Schatten, der zwischen den *Spanten* lag. Sofort sprang Kija aus Kims Armen und nahm die Verfolgung der Ratte auf.

„Eure Katze ist ziemlich fix", kommentierte John lachend, als ein Fiepen an ihre Ohren drang. „Da hinten könnt ihr pennen."

Sie hatten das hinterste Eck des Geschützdecks erreicht. Hier war die Luft noch schlechter. Der Boden unter ihren Füßen schwankte leicht. Überall waren Hängematten befestigt.

„Die drei könnt ihr haben, die sind frei", sagte John, während er die Laterne an einen Haken hängte und sich geschickt in seine Matte schwang.

Kim schluckte. Sie sollte sich in eines dieser Dinger legen? Die Hängematte hatte eine undefinierbare Farbe und sah alles andere als sauber aus.

„Fünf Sterne sind's nicht", wisperte Julian in ihr Ohr. „Aber wir haben wohl keine andere Wahl. Mach die Augen zu und träume dir ein Federbett herbei."

Ist ja nur für kurze Zeit, tröstete sich Kim, während sie in die Hängematte kletterte.

An Schlaf war jedoch nicht zu denken. Denn nach und nach kamen weitere Matrosen und legten sich schlafen. Ein ohrenbetäubendes Schnarchen ließ die Golden Hind erbeben.

Julian gab es als Erster auf und spähte zu seinen Freunden hinüber. Kim blinzelte ihm zu, Leon hob kurz die Hand.

„Ich muss hier raus, sonst ersticke ich“, sagte er leise.

Auch Kim und Julian verließen trotz der Müdigkeit nur zu gern ihre Hängematten. Auf Zehenspitzen schlichen sie, begleitet von einer höchst wachen Katze auf Samtpfoten, zum Niedergang.

Ein wenig von der kühlen, leicht salzigen Seeluft strich hinunter zum Geschützdeck, und Leon sog sie begierig ein.

„Meint ihr, wir dürfen hoch?“, fragte er mit gedämpfter Stimme.

„Bestimmt nicht“, entgegnete Julian. „Ihr habt doch gehört, was der Kapitän gesagt hat. Alle sollen unter Deck – außer den Wachen. Und ihr habt auch gesehen, was passiert, wenn man sich Drakes Befehlen widersetzt!“

Leon überlegte. Sie wollten doch nur ein wenig frische Luft schnappen. Was war schon dabei? Dafür konnte man sie unmöglich bestrafen! Und während er das dachte, hatte er die erste Stufe erklommen.

„Tu's lieber nicht!“, versuchte Julian ihn zu stoppen. Aber es war zu spät. Auch Kim war schon unterwegs. Seufzend folgte Julian ihnen.

Oben angekommen, suchten sie hinter einem Rettungsboot Deckung und peilten die Lage. Leon erkannte schließlich, dass die Wachen am Vorderkastell lehnten und sich leise unterhielten. Ab und zu glomm etwas rötlich auf. Leon vermutete, dass einer der Männer ein Pfeifchen rauchte.

„Ist die Luft nicht herrlich?“, hauchte Kim, während sie Kija streichelte, die auf ihrem Schoß hockte.

Julian wollte gerade antworten, als etwas in sein Blickfeld geriet. Ein Licht war an Land aufgeblitzt. Vermutlich kam es von Dolores' Spelunke, dachte der Junge. Jetzt war das Licht verschwunden. Doch da war es erneut! Nun leuchtete es länger. Dann wurde es wieder von der Nacht verschluckt. Julian gab seinen Freunden ein Zeichen. Dann huschte er geduckt zur Reling. Leon und Kim waren dicht hinter ihm. Sie kauerten sich hinter eine Taurolle und spähten zur nahen Küste. Wieder das Licht! Schlagartig wurde Julian klar, dass dort jemand Signale gab! Etwa zur Golden Hind? Aber wozu und für wen? Einer plötzlichen Eingebung folgend stand Julian auf und lugte über die Reling. Ihm stockte der Atem. Eine der Geschützluken ziemlich weit achtern stand offen – und auch dort blitzte ein Licht auf! Offenbar beantwortete jemand die geheimnisvollen Signale vom Land! Was ging da vor?

In diesem Augenblick spürte Julian eine riesige Hand in seinem Genick. Wie ein Schraubstock drückte die Pranke zu und Julian wand sich vor Schmerz.

Das Schiff im Nebel

„Was habt ihr hier verloren?", fragte eine raue Stimme. Julian wurde wie ein Spielzeug umgedreht. Mit großen Augen starrte er auf Diegos unendlich breite Brust. Dann erkannte er, dass auch Leon und Kim geschnappt worden waren – von der zweiten Wache. Nur Kija hatte sich davonmachen können.

„Aua, du tust mir weh!", rief Julian.

„Falsche Antwort", sagte Diego kalt.

„Wir bringen sie zum Kapitän. Soll er doch entscheiden, was mit ihnen geschieht", sagte der andere Mann.

„Das kann ich mir schon denken", entgegnete Diego und lachte unheilvoll.

Dann wurden die Freunde zu Drake geschleift. Vom Hauptdeck führte ein kurzer Niedergang zu einem höher gelegenen, kleinen Zwischendeck auf dem Achterkastell. Dort stand wie ein hölzerner Bungalow Drakes geräumige *Kajüte.* Um ihr Dach lief eine Reling, achtern gekrönt von einer Messinglaterne als Positionslicht.

Nachdem Diego an Drakes Salontür geklopft hatte, vergingen zwei Minuten. Dann öffnete der Kapitän mit einer Laterne in der Hand. „Ich hoffe, du hast einen guten Grund, mich zu stören, *Bootsmann*."

„Aye, Käpt'n, wir haben die neuen Bootsjungen geschnappt, als sie an Bord herumgeschlichen sind. Womöglich wollten sie etwas stehlen."

„Nein, das …", begann Kim, wurde aber sofort unterbrochen.

„Ruhe", sagte Drake unwirsch. „Bringt sie rein. Ich unterhalte mich nicht gern in der Tür."

Die Freunde wurden in die Kajüte geschoben und waren überrascht. Sie standen in einem gepflegten Raum mit einem richtigen Bett, einer Truhe und einem Holztisch, auf dem ein Kerzenständer stand. Sein Licht fiel auf einen Kompass, einen Zirkel, ein scheibenförmiges *Astrolabium* und eine große Landkarte, auf der *Gezeiten*, Strömungen, Sandbänke sowie die Umrisse der Küsten von Süd- und Mittelamerika eingezeichnet waren.

„Was habt ihr drei an Deck gesucht?", fragte Drake schneidend.

„Wir wollten nur frische Luft schnappen", antwortete Julian wahrheitsgemäß. Dann berichtete er von ihren Beobachtungen.

„Lichtsignale?", wiederholte der Kapitän. „Diego, sieh im Geschützdeck nach, sofort."

Der Hüne verschwand. Einige Minuten verstrichen. Nervös schauten sich die Freunde an. Drake tat so, als seien die Gefährten gar nicht da. Mit gerunzelter Stirn studierte er die Karte. Sein Finger fuhr die Küste in nördlicher Richtung entlang.

„Callao", murmelte er.

Dann klopfte es erneut und Diego erschien.

„Alle Luken dicht, Sir", meldete er.

Drake musterte die Kinder. „Ihr habt offenbar gelogen", stellte er nüchtern fest.

„Nein, Sir!", rief Julian schnell. „Vermutlich hat derjenige, der die Signale vom Schiff gab, die Luke inzwischen wieder verschlossen!"

„Vielleicht ist der Kleine ein Lügner, aber logisch denken kann er", sagte der Kapitän. „Ich kann euch nicht das Gegenteil beweisen, also werde ich euch dieses eine Mal noch verschonen." Er zwirbelte die Enden seines Bartes.

Die Freunde atmeten hörbar auf.

„Freut euch nicht zu früh", fuhr Drake fort. „Ich werde euch im Auge behalten. Verlasst euch darauf. Und jetzt raus mit euch allen."

Diesmal waren die Gefährten froh, als sie in ihre Hängematten klettern durften.

„Was waren das für Signale?", fragte Julian leise.

Leon gähnte. „Gute Frage. Jemand an Bord hat etwas

zu verheimlichen. Der Sache müssen wir auf den Grund gehen!“

„Stimmt“, murmelte Kim. „Aber erst morgen, Jungs.“ Dann schlief sie ein. Kija lag zusammengerollt auf ihrem Bauch.

Das Erwachen war hart. Die schrille Pfeife des Bootsmanns riss sie aus dem Schlaf. Alle schossen aus ihren Hängematten und stürmten den Niedergang hinauf. Nach und nach versammelten sich die Männer um den Hauptmast. Einige Laternen waren entzündet worden. Es dämmerte gerade. Der Himmel war grau und regenschwer. Ohne Trennungslinie ging das Meer in den Himmel über. Nur ganz im Osten, wo die Sonne sich verbarg, war das Grau eine Spur heller. Eine kalte Böe strich über das Schiff. Die Freunde hielten sich im Hintergrund und drängten sich fröstelnd aneinander.

Ob’s hier so etwas wie ein Frühstück gab?, überlegte Leon, während er die Matrosen musterte. Er erkannte Johns roten Schopf und den breiten Rücken von Diego. Auch Filipe war bereits da. Die meisten Augenpaare waren zum Achterkastell gerichtet. Die Mannschaft schien auf Drake zu warten. Niemand sprach.

Leon schaute wieder nach Osten, zum Land. Der schmale Sandstreifen und Dolores' Spelunke waren jetzt verschwunden, verschluckt vom Nebel, der langsam auf die Golden Hind zukroch.

Leon fröstelte noch mehr. Wo blieb Drake? Er ließ seinen Blick ziellos über das Deck wandern und richtete ihn irgendwann wieder auf die *Steuerbordseite*. Dolores' Spelunke war nach wie vor unsichtbar, aber dafür tauchte etwas anderes kurz aus dem Nebel auf – ein Schiff! Ohne Positionslichter oder Laternen glitt es unter vollen Segeln aus der Bucht von Arica und hielt Kurs Richtung Norden.

Leon gab Kim und Julian ein Zeichen und deutete auf die Nebelwand.

„Was ist?", fragte Kim.

Leon schluckte. Das Schiff war weg! Das gab's doch gar nicht! Angestrengt starrte er in den Nebel. Da – jetzt erkannte er wieder schemenhaft einen Mast.

„Ein Schiff läuft aus!", flüsterte er seinen Freunden zu.

„Ja, jetzt erkenne ich es auch", erwiderte Kim leise. „Und es sieht so aus, als wolle die Mannschaft nicht, dass man ihren Abschied von Arica bemerkt!"

Die Freunde schauten zur Mannschaft der Golden Hind. Aber die Männer blickten nach wie vor erwartungsvoll zum Achterkastell. Niemand schien das seltsame Schiff bemerkt zu haben. Jetzt wurde die Schiffsglocke geschlagen. Die Tür öffnete sich und Drake erschien in tadellosem Gewand. An seinem Gürtel hing ein langer Säbel.

Noch einmal sah Leon zurück. Es war kein Schiff mehr zu sehen. Der unbekannte Segler war im Schutz des Nebels verschwunden. Merkwürdig. Hatte das geheimnisvolle Schiff etwas mit den Lichtsignalen zu tun, die sie in der vergangenen Nacht beobachtet hatten?

Leon wurde aus seinen Gedanken gerissen, als die Glocke erneut erklang. Drake trat vor die Mannschaft und nahm seinen schwarzen, breitkrempigen Hut ab. Alle taten es ihm gleich, sofern sie etwas auf dem Kopf hatten. Dann sprach Drake ein Gebet. Die Matrosen murmelten den Text nach. Anschließend schwor Drake bei seinem Leben, der Königin treu zu dienen. Auch diesen Schwur wiederholten alle.

„Männer“, sagte Drake dann laut. „Wir haben in Arica frisches Wasser an Bord genommen sowie Fisch, Fleisch und Obst. Aber nicht nur das, wir haben auch drei neue Bootsjungen.“ Er zeigte auf die Freunde.

„Sie werden Percy in der *Kombüse* zur Hand gehen“, fuhr der Kapitän fort, „und auch sonst Handlangerdienste übernehmen.“

Ein älterer Mann zwinkerte Leon, Julian und Kim freundlich zu und deutete mit dem Daumen auf seine

Brust. Offenbar war dieser zaundürre Mann mit dem leicht gebeugten Rücken der Smut namens Percy. Sein linker Unterschenkel fehlte. Stattdessen trug er eine Prothese, die nicht viel mehr als ein dicker, am Knie befestigter Holzstab war.

„Jetzt sind wir bereit zum Auslaufen", rief Drake. „Auf uns wartet eine besondere Aufgabe."

Er machte eine Kunstpause und studierte genüsslich die erwartungsvollen Blicke, die auf ihn geheftet waren. Als der Kapitän schließlich fortfuhr, lag ein Leuchten in seinen Augen.

„Wir werden nach Callao segeln", kündigte Drake an und winkte Filipe heran. „Ich weiß, dass diese Gewässer gefährlich sind. Deshalb haben wir mit Filipe einen Navigator an Bord genommen, der sich hier gut auskennt. Und er wird uns zu einem ganz speziellen Schiff führen."

Filipe lächelte etwas unbeholfen.

„Zur Cacafuego!", rief Drake und reckte die Hand in den grauen Himmel.

Jubel brach aus.

„Irre!", rief auch John. „Der Pott ist voller Gold und Silber!"

„Ja, und das gehört bald alles uns!", brüllte Diego begeistert und nahm John auf seine breiten Schultern. „Ein Hoch auf unseren Käpt'n!"

Hüte flogen in die Luft. Aber Leon entging nicht, dass keineswegs alle begeistert von dem Plan waren.

Jetzt trat ein Matrose mit Kahlkopf und einer schiefen Nase vor. Er hatte die Arme vor der Brust verschränkt. Die Gefährten erkannten, dass er einer der beiden Männer war, die gestern Abend ausgepeitscht worden waren.

„Die Cacafuego, Sir? Sind Sie sicher, dass wir es mit ihr aufnehmen können?“, fragte er.

Drake sorgte für Ruhe. Dann entgegnete er kühl: „Du scheinst an meiner Urteilskraft zu zweifeln, William.“

Der Matrose blickte Drake direkt in die Augen. „Nun, Sir, die Cacafuego ist berühmt für ihre Feuerkraft. Ich weiß, dass sie dreißig Kanonen hat. Deshalb heißt sie ja auch Feuerscheißer!“

Einige lachten.

„Feuer*spucker*, William“, korrigierte Drake ihn.

„Wie dem auch sei“, erwiderte William. „Die Cacafuego wird uns in Stücke schießen. Wir werden kein Gold oder Silber finden, sondern den Tod.“

Drake machte eine wegwerfende Handbewegung. „Unsinn! Du bist ein verfluchter Angsthase!“

Diego grinste. Ein paar Männer lachten höhnisch.

In Williams Augen funkelte jetzt Wut. Er biss sich auf die Unterlippe.

„William ist verdammt jähzornig“, wisperte John den Freunden zu. „Und die Schläge, die er gestern erhalten hat, scheint er auch noch nicht vergessen zu haben.“

William wippte nervös auf den Zehenspitzen. „Ich habe keine Angst“, widersprach er. „Aber ich halte es für völligen Irrsinn, gegen ein Schiff anzukämpfen, das uns haushoch überlegen ist. Das ist Selbstmord, Käpt'n! Und ich will noch nicht sterben. Und ihr?“ Er blickte in die Runde. „Was ist mit euch? Wollt ihr sterben?“

Gemurre war zu hören. Die breite Zustimmung, die es gerade noch für Drakes Plan gegeben hatte, bröckelte.

„William, halt den Mund!“, blaffte Drake ihn an.

Der Matrose grinste unverschämt und rief: „Was ist: Wollt ihr in den sicheren Tod segeln?“

Drake griff zu seinem Gürtel und zog den Säbel. „Wenn du dich meinen Befehlen widersetzt, ist das Meuterei“, zischte der Kapitän. „Und darauf steht die Todesstrafe!“

Aus Williams Gesicht wich jede Farbe. Die Männer um ihn herum traten einen Schritt zurück.

Langsam hob William die Hände. „Schon gut, Käpt'n, ich habe doch nur meine Meinung gesagt.“

„Du hältst ab sofort den Mund!“, wiederholte Drake und machte einen Schritt auf William zu.

Unterwürfig senkte William den Kopf. „Aye, Käpt'n“, sagte er leise.

Drake schaute seine Männer der Reihe nach an. „Hat noch jemand von euch … Angst?“

Da brüllte Diego: „Auf zur Cacafuego! Machen wir dem alten Pott Feuer unter dem Hintern!“

Gejohle und Gegröle erklang, Waffen wurden in den Himmel gereckt. Drake schien die Lage wieder voll im Griff zu haben.

Doch Leon blieb wachsam und behielt William im Auge. Der Matrose sonderte sich ein wenig von den anderen ab, stand jetzt dicht bei der Ruderpinne, halb im Rücken des Kapitäns. Seine Hand tastete zum Gürtel, wo das lange Entermesser hing und ein hinterhältiges Lächeln huschte über sein Gesicht.

Das Kopfgeld

„Anker lichten, setzt die Segel, Kurs Nord!“, kommandierte Drake. In die Männer kam Bewegung. Staunend sahen die Freunde, mit welcher Geschwindigkeit die Matrosen in die *Wanten* sprangen und zu den *Rahen* hinaufkletterten. Gleichzeitig stemmten sich vier Mann gegen je einen hölzernen Arm der *Ankerwinde* und begannen, sie zu drehen.

„Wollt ihr mit rauf?“, fragte John die Gefährten lachend und deutete zur Spitze des Hauptmastes.

„Muss nicht sein“, erwiderte Julian schnell. „Vielleicht ein anderes Mal …“

„Macht nichts, dann geht zu Percy. Bis gleich!“ Mit diesen Worten hangelte sich John in der *Takelage* hinauf. Wenig später knatterten und donnerten die Segel im auffrischenden Südwind. Die Golden Hind nahm Fahrt auf und glitt in den Nebel hinein. An der Ruderpinne lehnte Diego, ein zufriedenes Lächeln auf dem Gesicht. Drake und Filipe standen über ihm auf dem kleinen Zwischendeck vor der Kapitänskajüte und

unterhielten sich. Der Kapitän hatte ein großes Fernrohr in der Hand, Filipe einen *Davis-Quadranten*, mit dem er, sobald die Sonne herauskam, die Position der Golden Hind ermitteln konnte.

„Na, wollt ihr euch nützlich machen?“, krächzte eine heisere Stimme.

Kim, Leon und Julian schreckten aus ihren Beobachtungen hoch. Hinter ihnen stand der einbeinige Percy und schmunzelte. „Ziemlich aufregend für euch Landratten, was?“

Die Freunde nickten.

„Und der kleine Tiger da gehört auch zu euch?“, fragte der Smut mit einem Blick auf Kija.

Wieder ein Nicken.

„Eine schöne Katze“, lobte Percy und streichelte ihr über den Kopf. „Hoffentlich kommt niemand auf die Idee, sie essen zu wollen.“

Kija wich zurück und machte einen Buckel. Jetzt lachte Percy laut auf und zeigte dabei sein höchst unvollständiges Gebiss. Er hatte keine Eckzähne mehr, dafür aber zwei erstaunlich große Schneidezähne.

Ein Hase mit schrägem Humor, dachte Kim, die gerne lästerte, aber klugerweise den Schnabel hielt.

„Spaß beiseite, folgt mir“, sagte der Smut und humpelte los. Jedes Mal, wenn sein Holzbein das Deck traf, gab es ein lautes Tock.

Percy führte die Gefährten tief hinunter in den Bauch des Schiffs. Sein fensterloses Reich lag noch unter dem Geschützdeck, also unterhalb der Wasserlinie. Hier gab es mehrere Regale mit Lebensmitteln, einen Tisch, auf dem einige Kohlköpfe und anderes Gemüse lagen, und eine Art Ofen mit zwei Kochplatten und einem Abzugsrohr, das durch die Decke nach oben führte. In einer Ecke stand ein großer Sack Kartoffeln. Der faulige Geruch hier unten verschlug den Freunden den Atem. Kim hielt sich die Nase zu.

Percy lachte. „Das kommt von der *Bilge*“, erläuterte er, „da gewöhnt ihr euch dran.“ Er zog eine Schublade auf und drückte den Freunden kleine Messer in die Hände.

„Ihr könnt die Kartoffeln schälen, los geht's!“, ordnete der Smut an und kümmerte sich um das Feuer.

Leon, Kim und Julian begannen mit der Arbeit, während sich Kija auf dem Tisch zusammenrollte und alles im Blick behielt.

„Sag mal, Frühstück gibt's hier wohl nicht, oder?“, wagte Leon nach einer Weile zu fragen.

Percy drehte sich um und schaute Leon an, als habe dieser gefragt, ob es an Bord einen Pool gebe. „Frühstück? Du kannst Haferbrei oder Zwieback haben.“

„Dann lieber Zwieback“, entschied Leon. Er bereute diesen Entschluss umgehend, als Percy in einen Sack griff und ihm sowie Julian und Kim staubtrockenen Zwieback zuwarf.

Auch der Smut selbst nahm sich ein Stück und knabberte mit seinen Hasenzähnen daran. „Die meisten hier an Bord legen keinen Wert auf Frühstück“, sagte er und wirkte dabei fast beleidigt. „Die sind zufrieden, wenn sie ihren Rum kriegen sowie Brot und ein bisschen Fleisch. Aber heute Mittag werden wir ein wenig Gemüse dazu anbieten – und natürlich Kartoffeln.“ Percy richtete den Blick zur niedrigen, rußgeschwärzten Kombüsendecke. „Oh, mir schwebt eine Komposition von Heringsfilets an Dillspitzen mit Kartoffelrahm vor.“

„Du kannst wohl richtig gut kochen, oder?“, fragte Kim überrascht.

„Natürlich“, erwiderte Percy. „Aber leider weiß das an Bord niemand zu würdigen. Außer dem Käpt’n. Der ist der Einzige mit ein wenig Kultur und Manieren. Ein guter Mann. Leider sehen das nicht alle so …“

Sofort wurden die Freunde hellhörig. „Wie meinst du das?“

Der Smut setzte sich an den Tisch und streckte das Holzbein aus. „Nun, ihr habt ja vorhin gesehen, dass nicht alle auf seiner Seite sind. Dieser William zum Beispiel. Aber auch andere warten nur darauf, dass Drake einen Fehler macht. Das wäre dann sein erster – aber auch letzter.“

Kim grübelte, während sie eine Kartoffel aus dem Sack nahm.

„Einige Männer haben nun einmal Angst vor Drakes Wagemut“, fuhr Percy fort und kratzte sich am ergrauten Hinterkopf. „Sie sind der Meinung, dass er ein zu großes Risiko eingeht.“

„Und was glaubst du?“, fragte Kim.

Der Smut ließ seine Faust auf den Tisch donnern, dass die Tomaten hüpften. „Ich bin auf seiner Seite! Unter Drakes Kommando haben wir schon einige spanische Galeonen überfallen und ausgeplündert. Was für ein Spaß! Die Spanier toben. Dieser Dummkopf von *Don Francisco de Toledo* hat sogar ein Kopfgeld auf Drake ausgesetzt.“

Kim setzte das Messer ab. „Ein Kopfgeld? Und wer ist dieser Don Dingsbums?“

„Toledo ist vom spanischen König *Philipp II.* zum Vizekönig von Peru ernannt worden. In dieser Funktion kommandiert Toledo auch die spanische Flotte in diesen Gewässern und ist dafür verantwortlich, dass die Handelsschiffe die Häfen sicher erreichen ...“

„Und ihr seid ihnen ein paarmal in die Quere gekommen“, warf Kim ein.

„Kluges Kind!“, rief Percy und klopfte sich vor Vergnügen aufs Holzbein. „Der gute, alte Toledo ist so sauer, dass er zehn Kilo reines Silber auf Drakes Kopf ausgesetzt hat. Damit hätte man bis an den Rest seines Lebens ausgesorgt. Selbst, wenn man jeden Tag bei Dolores einkehren würde."

Kim schwieg nachdenklich. Auf Drake war eine hohe Belohnung ausgesetzt. Da würde der eine oder andere Seemann an Bord vielleicht schwach werden. Gab es etwa Verräter auf der Golden Hind? Die geheimnisvollen Signale sprachen dafür ...

Unvermittelt wurde die Tür aufgerissen und William erschien. Er wirkte sehr erregt. Als er die Kinder erblickte, verdüsterte sich seine Miene.

„Raus mit euch", herrschte er sie an.

„Aber wir haben den Befehl, in der Kombüse zu helfen", erwiderte Kim.

„Willst du mir widersprechen?", fragte William drohend. Kim sah, wie seine Hand zum Entermesser glitt.

„Schon gut", sagte sie schnell und warf eine halb geschälte Kartoffel in einen Eimer. „Wir gehen ja schon."

Auch Julian und Leon erhoben sich. Mit Kija verließen sie die stickige Kombüse und hockten sich im Geschützdeck vor die Tür zum Trockenraum, wo die Ersatzsegel gelagert wurden. Das Schiff schwankte nun deutlich stärker als zuvor. Offenbar hatte der Seegang zugenommen.

„Was hat William vor? Warum will er uns nicht dabeihaben?", überlegte Kim.

„Gute Frage“, sagte Leon. „Der Typ ist mir nicht geheuer.“

Julian lehnte sich gegen einen Spanten „Mir auch nicht. Sieht so aus, als hätte er etwas zu verheimlichen. Aber was hat Percy damit zu tun?“

Da wurden Stimmen laut. Sie kamen aus der Küche und klangen wütend.

„Die streiten sich!“, sagte Leon. „Lasst uns mal ein wenig lauschen.“

Schon war er an der Kombüsentür. In diesem Moment wurde die Golden Hind heftig durchgeschüttelt. Leon verlor das Gleichgewicht und fiel auf den Hintern. „Mist!“, fluchte er. „Ich benehme mich wirklich wie die letzte Landratte.“

Dann legte er ein Ohr an die Kombüsentür. Doch so sehr er sich auch bemühte, er konnte nichts hören. Plötzlich hatte er ein mulmiges Gefühl. Es war merkwürdig still da drinnen – und William hatte diese Kombüse mit seinem Messer betreten! Bedrohte William den alten Smut oder hatte er etwa …

Im Sturm

Doch Leons Sorge war unbegründet. Denn plötzlich hörte er Percy wieder. Seine Stimme klang wütend. Aber nur vereinzelt wehten Gesprächsfetzen an Leons Ohr. Immerhin vernahm er die Wörter „Drake“ und „Cacafuego“.

Die Golden Hind schwankte erneut so stark, dass die Freunde Mühe hatten, sich auf den Beinen zu halten. Kija miaute warnend und Leon fuhr herum. Ein Frischwasserfass hatte sich selbstständig gemacht und rutschte über das Deck, genau auf ihn zu. Der Junge machte einen Satz zur Seite und das Fass polterte gegen die Kombüsentür.

„Verdammt, was ist da draußen los?“, brüllte Percy und riss die Tür auf. „Ach, ihr seid’s nur“, sagte er. „Los, bindet das Fass fest, bevor es ein Loch in die Schiffswand schlägt. Wisst ihr überhaupt, wie man einen vernünftigen Knoten macht, Landratten?“

„Nö“, gaben die Kinder zu.

„Oje, ich sehe schon, ich muss bei euch bei null anfangen.“ Der Smut seufzte. „Und du, William, verziehst dich am besten. Scheint ein Sturm loszubrechen. Bestimmt wirst du oben gebraucht.“

„Das lass mal meine Sorgen sein“, knurrte der Matrose und stapfte breitbeinig an den Freunden vorbei, ohne sie eines Blickes zu würdigen.

Percy band das Fass mit einem Hanftau fest und verknotete dieses anschließend. „Das nennt man einen Fischerknoten“, sagte er. „Merkt euch den. Den könnt ihr immer gut gebrauchen, wenn ihr was festzurren müsst.“

In der nächsten halben Stunde zeigte der Smut ihnen noch ein paar weitere Knoten – darunter den Pahl- und den Schotstek. Währenddessen wurde die Golden Hind immer mehr vom Seegang gebeutelt. Schließlich ließ ein heftiger Schlag den Rumpf erzittern.

„Klingt nicht gut. Geht lieber rauf, da wird sicher jede Hand benötigt“, brummte Percy und klopfte auf sein Holzbein. „Ich selbst bin leider keine große Hilfe.“

Kim nahm Kija auf den Arm. Die Katze zitterte leicht. Ganz offensichtlich hatte sie Angst. Kija hatte das Wasser noch nie geliebt. Und jetzt befand sie sich auf einem Piratenschiff in schwerer See …

Kim öffnete ihre feste Jacke und Kija schlüpfte hinein. Nur ihr Köpfchen schaute heraus. Die Augen der Katze waren weit aufgerissen. Zwei schöne, große Smaragde, in denen jetzt jedoch Angst schimmerte.

Die Freunde erklommen den Niedergang und erreichten das Luk zum Oberdeck, das jetzt geschlossen war. Als Leon den Holzdeckel hochdrückte, bekam er zur Begrüßung eine Ladung Salzwasser ins Gesicht. Die Tür des Steuerhauses, in das der Niedergang mündete, schlug wild im Wind. Leon schüttelte sich wie ein nasser Hund.

Schon krachte der nächste Brecher aufs Deck und überflutete es. Obwohl es noch nicht einmal Mittag war, war es so finster, als sei die Sonne bereits im Meer verschwunden. Der Himmel war bleigrau und an vielen Stellen schwarz wie die Hölle. Blitze zerfetzten schieferfarbene Wolkenberge. Schwere Regentropfen zerplatzten an Deck.

„Segel *reffen*!", dröhnte Drakes Stimme über das Schiff. Der Kapitän stand neben Diego. Gemeinsam versuchten sie, die Ruderpinne festzuhalten. Schon schlitterten Seeleute über das Deck, kletterten in die Wanten und turnten hinauf.

Die Freunde wagten sich in den Sturm hinaus. Hoch über ihnen erreichten die ersten Matrosen die Segel.

„Da ist ja auch John!", schrie Kim gegen den Wind an.

Der junge Pirat hangelte sich gerade am schwankenden Fockmast hinauf. Jetzt hatte er die Rah erreicht. Fieberhaft begannen er und drei Männer damit, das Focksegel zu reffen.

„Mir wird schon vom Zusehen schlecht", murmelte Kim und schaute aufs Meer. Die See war aufgewühlt, sie zischte und brodelte. Schaumgekrönte Wellen rollten auf das Schiff zu, gewaltige, dunkle Berge, die voller Wut die Golden Hind attackierten und versuchten, sie unter Wasser zu drücken. Der Sturm heulte, tobte und brauste. Im unnatürlichen Dämmerlicht trieb der Orkan Brecher um Brecher gegen das Schiff. Jetzt hob sich die Back unheilvoll nach oben, und den Freunden schien es, als wolle die Golden Hind geradewegs in den Himmel schießen. Doch es war nur eine besonders große Welle, die das Schiff vorn angehoben hatte. Der Bugspriet mit dem bereits eingeholten dreieckigen *Stratsegel* deutete wie eine riesige Lanze zu den Wolken. Ächzend kletterte die Golden Hind einen Wellenberg hinauf. Ganz oben verharrte sie und schien für einen endlosen Moment auf dem Wellenkamm zu balancieren, um dann in rasender Fahrt ins Tal hinabzustürzen.

Ein furchtbarer Schlag folgte und das Schiff erbebte. Irgendwo splitterte etwas. Leon erkannte, dass ein Teil des Schanzkleides abgerissen worden war. Holzteile flogen als gefährliche Geschosse über das Deck. Dann krachte ein weiterer Brecher auf das Vorderkastell. Die

Gischt schien regelrecht hochzukochen und zog sich dann gurgelnd durch die *Speigatten* zurück.

„Alle Segel einholen, auch das *Sturmsegel*!“, brüllte Drake.

Kein Fetzen Tuch sollte dem rasenden Sturm noch Angriffsfläche bieten.

Kim spürte Kijas Angst. Die Katze maunzte immer wieder auf. Ruckartig wand sich ihr Kopf hin und her. Kim streichelte sie.

„Ich gehe unter Deck“, rief sie Leon und Julian zu. „Hier können wir sowieso nicht helfen!“

Da rannten zwei Männer auf die Freunde zu. Es waren William und ein anderer Matrose, dessen Namen sie nicht kannten.

„Was glotzt ihr so dumm?“, schrie William sie an. „Runter mit euch und dann das Luk dicht. Das Schiff nimmt schon genug Wasser auf! Der Pott säuft bald ab.“

Grob drängte er die Gefährten den Niedergang hinunter.

„Schnell, wir müssen an die *Lenzpumpe*!“, schrie William aufgeregt und hetzte über das Geschützdeck nach achtern.

Kim ergriff die Initiative. „Vielleicht können wir uns da nützlich machen!“, rief sie und eilte den Matrosen nach.

Leon und Julian folgten ihr.

Die Matrosen stürmten einen weiteren Niedergang hinunter und erreichten das Vorratslager mit seinen zahllosen Fässern und Säcken. Aus der Bilge spritzte fauliges Wasser. Überall gluckerte es. Einige der Säcke waren schon feucht. Irgendwo quiekte eine Ratte.

„Verdammt, das Wasser steht hier schon einen halben Meter hoch!“, schrie William. „Dieser verfluchte Drake. Dass schlechtes Wetter aufzieht, war doch klar bei dem Nebel heute Morgen!“

„Ja, was für ein Wahnsinn!“, sagte der andere Mann. Er packte den Pumpschwengel und drückte ihn hinunter. William half ihm.

Kim hielt inne und gab ihren Freunden ein Zeichen, nicht weiterzugehen. Sie verbargen sich hinter Fässern.

„Drake ist ein Teufel, er wird uns alle umbringen!“, hetzte William. Wie besessen begannen er und der andere Mann zu pumpen. Auf Williams Stirn traten die Adern hervor.

„Aber eines sage ich dir“, sagte er mit zusammengebissenen Zähnen. „Wenn wir diesen Höllensturm hier überleben und die Cacafuego wirklich erledigen, dann werde ich mir einen großen Anteil des Silbers schnappen und abhauen.“

Der andere Matrose lachte auf. „Abhauen? Das wird Drake nicht zulassen!“

„Wer sagt denn, dass ich Drake frage?“, entgegnete

William. „Und wer sagt denn, dass ich mit ihm teilen will? Vielleicht ist Drake ja dann gar nicht mehr am Leben …“

„Psst, halt die Klappe“, zischte sein Gesprächspartner. „Wenn der Käpt'n das mitkriegt, lässt er dich an der Rah aufknüpfen.“

„Pah, der hört nichts.“ Williams Gesicht glänzte vor Schweiß. „Der große Kapitän muss doch sein Schiff durch den Sturm bringen. Also, was ist mit dir? Auf welcher Seite stehst du?“

Der andere Matrose murmelte etwas, was die Freunde nicht verstanden. Da passierte es: Leon musste unvermittelt niesen.

William fuhr herum und entdeckte die Kinder. „Lungert ihr da schon länger rum?“, schrie er sie an.

„Nein, wir sind gerade erst gekommen“, log Kim.

„Verschwindet bloß“, rief William.

Nur zu gern zogen sich die Freunde zurück. In der Nähe der Kombüse beratschlagten sie sich.

„Dieser William führt etwas im Schilde, Leute“, sagte Julian.

„Ja, das wird immer offensichtlicher“, stimmte Kim ihm zu. „Wir sollten ihn im Auge behalten.“

Leon schluckte. Er war ein wenig grün um die Nasenspitze. „Ja – falls wir diesen Sturm überleben!“

Ein Brecher schmetterte gegen die Golden Hind und

schleuderte sie wie einen Korken zur Seite. Der ganze Schiffsrumpf ächzte und stöhnte unter diesem furchtbaren Schlag, und die Freunde stürzten zu Boden. Es knackte unheilvoll im Gebälk. Dann spritzte Wasser aus einem Riss in der Bordwand.

„Oh nein!“, schrie Kim. „Wir sinken!“

Das Himmelfahrts-kommando

„Schnell, wir müssen zum Fockmast! Dann können wir heim!“, rief Julian. Er rappelte sich auf, die Augen voller Panik auf den Wasserstrahl gerichtet.

„Was redet ihr denn für'n Quatsch?“, ertönte eine Stimme. Percy war aus der Kombüse aufgetaucht und humpelte auf sie zu. „Hier säuft niemand ab, jedenfalls jetzt noch nicht!“

Er grinste schief und kniff ein Auge zu. „Das bisschen Wasser, das haben wir gleich.“

Der Smut bückte sich hinter einem der Geschütze, die an ihren Seilen zerrten wie bockende Pferde. Mit Hammer, Nägeln und einem Holzbrett dichtete Percy das Leck ab. Als der letzte Hammerschlag verhallte, stürzten William und der andere Matrose an ihnen vorbei. „Bilge leer gepumpt“, riefen sie. „Wir machen dem Käpt'n Meldung.“

„Na also“, rief Percy und lachte dröhnend. „Der Sturm kriegt uns nicht klein. Uns doch nicht!“

Der Smut sollte Recht behalten. Der Mannschaft

gelang es, dem Wetter zu trotzen. Zwei Stunden später hatte sich der Sturm ausgetobt. Drake ließ wieder Segel setzen.

Die Gefährten halfen Percy weiter in der Kombüse, während Kija, die nun wieder bestens gelaunt war, im Geschützdeck auf Rattenjagd ging. Am frühen Nachmittag wurde die Schiffsglocke geläutet: Essenszeit. Zuerst bewirteten Kim, Leon und Julian Drake in dessen Salon. Der Kapitän hatte inzwischen wieder trockene Kleidung an und ließ es sich schmecken. An seinem Tisch hatte Filipe Platz nehmen dürfen. Dann gingen die Freunde in die Kombüse zurück. Ein Matrose nach dem anderen kam dort vorbei und hielt ihnen seinen Napf für die Essensausgabe hin.

Den Rest des Tages verbrachten die Freunde damit, beim Ausbessern des Schiffs zu helfen. Einige Risse wurden mit geteertem *Werg kalfatert*. Dann flickten die Gefährten das im Sturm eingerissene Stagsegel. William hatte ihnen gezeigt, wie man mit dem groben Nähgarn und den dicken Nadeln umging.

Leon piekste sich nicht nur einmal in die Finger. „Ich hasse so was!“, sagte er.

„Ich auch“, erwiderte William und lächelte dabei böse. „Und deshalb macht ihr diese Arbeit.“

„Der ist wirklich ein Ekel“, sagte Kim, als William außer Hörweite war.

Nach einem kargen Abendbrot, das aus Zwieback und getrockneten Erbsen bestand, durften sich die Freunde in ihre Hängematten zurückziehen. In dieser Nacht kam der Schlaf schnell.

Doch einige Stunden später wurde Kim geweckt – und zwar von Kija, die wieder auf ihrem Bauch gelegen hatte. Die Katze hatte sie so lange mit der Nase angestupst, bis Kim hochgeschreckt war. Sie brauchte einen Moment, bis sie wusste, wo sie war. Dann schaute Kim sich mit müden Augen um. Jemand hatte eine Laterne entzündet. Durch die schmutzigen Glasscheiben fiel ein flackernder Lichtschein auf die Hängematten, aus denen Schnarchen drang.

Und da – ein Schatten an der Wand! Kim erschrak. Eine Gestalt schlich über das Deck und kam geradewegs auf sie zu. Das Mädchen machte sich in seiner Hängematte ganz klein und spähte vorsichtig über den Rand. Der Schatten verharrte. Es war ein Mann, der einen länglichen, vorne spitz zulaufenden Gegenstand in der Hand hielt. Ein Entermesser?

Nun kam der nächtliche Besucher noch näher. Auch das Licht bewegte sich. Offenbar hatte der Mann die Laterne mitgenommen. Kim schloss die Augen und stellte sich schlafend. Sie spürte Wärme und Licht auf ihrem Gesicht. Der Mann stand jetzt offenbar direkt neben ihr! Kims Puls raste. Schließlich konnte sie nicht anders: Sie riss die Augen auf und starrte in Williams unrasiertes Gesicht.

„Angst, hast du Angst?“, zischte er.

Kim versagte die Stimme. Dafür reagierte Kija: Sie verpasste dem Matrosen einen Hieb mit der Tatze. William zuckte zurück und starrte auf den blutigen Kratzer auf seinem linken Handrücken.

„Du Mistvieh, dafür solltest du in Percys Kochtopf!“, rief er.

„He, was ist da los?“, beschwerte sich ein Matrose in ihrer Nähe. „William, leg dich wieder hin und halt die Klappe!“

„Schon gut“, sagte William. Darauf wandte er sich wieder an Kim: „Ich warne dich, Kleine, dich und deine Freunde. Ich habe den Eindruck, dass ihr mich heute Mittag beim Pumpen belauscht habt. Glaub bloß nicht, dass ich das nicht bemerkt habe.“ Dann verschwand er endlich.

Die nächsten beiden Tage verliefen ohne weitere Zwischenfälle. Filipe lotste die Golden Hind, die sich immer in der Nähe der Küste hielt, an einigen Untiefen vorbei. Sogar das Wetter spielte mit. Ein strammer Wind trieb Drakes Schiff voran. Die Freunde verbrachten viel Zeit mit John, der ihnen beibrachte, wie man in den Wanten herumkletterte. Vor allem Leon war begeistert. Er genoss es, sich den frischen Seewind um die Nase wehen zu lassen. Und sogar Julian überwand schließlich seine Angst. Oft waren sie aber auch unter Deck, denn Percy spannte sie bei diversen Küchendiensten ein.

William gingen sie möglichst aus dem Weg, was an Bord alles andere als leicht war.

Am Ende des dritten Tages auf See ließ der Kapitän die Segel einholen und Anker setzen. Es dämmerte bereits. Die Freunde beobachteten, wie Drake durch das Fernrohr die Küste absuchte. Dann rief er die Mannschaft zusammen. Der Kapitän zwirbelte seine Bartspitzen. Alle Blicke waren auf ihn gerichtet. Drake schien die erwartungsvolle Stille einen Moment auszukosten. Dann aber rief er: „Wir sind unmittelbar vor Callao, Männer. Und in der Bucht da vorn liegen mehrere spanische Handelsschiffe!“

Jubel wurde laut.

„Die entern wir alle und rauben sie aus!“, brüllte Diego.

„Und die Cacafuego, ist sie auch dabei?“, rief John.

Drake hob die Hände und es kehrte wieder Ruhe ein. „Das habe ich noch nicht erkennen können“, gab er zu.

Nun meldete sich William zu Wort. „Haben Sie denn Galeonen gesehen, Sir?“, fragte er schneidend.

Drake nestelte an seinem blütenweißen Kragen. „Ja, es sind mindestens vier Kriegsschiffe in der Bucht. Und sie scheinen gut bewaffnet zu sein.“

William lachte hysterisch. „Vier Galeonen! Und vielleicht auch noch die Cacafuego? Wir sollten schnellstens beidrehen und verschwinden!“

Teilweise erhob sich zustimmendes Gemurmel.

„Nein, genau das werden wir nicht tun!“, rief Drake. „Sondern etwas, mit dem niemand rechnet!“

Williams Mund klappte auf. „Sie wollen doch nicht etwa angreifen?“

Ein listiges Lächeln umspielte Drakes Mund. „Genau das, William!“

Der Matrose schluckte, aber er brachte keinen Ton heraus.

„Oje“, ächzte Percy, der in der Nähe der Gefährten stand.

Kim, Julian und Leon warfen sich nervöse Blicke zu. Das klang verflucht gefährlich!

„Du hast doch bestimmt schon einen Plan, Onkel“, rief John voller Hoffnung.

„Allerdings!“, erwiderte der Kapitän und sorgte mit dieser Ankündigung dafür, dass wieder alle Blicke auf ihn gerichtet waren. „Wir greifen an, aber nicht mit der

Golden Hind. Wir werden in die Beiboote gehen. Die *Pinasse* bestücken wir mit einem leichten Geschütz. Dann rudern wir heran und werden im Schutz der Dunkelheit Schiff für Schiff entern. Niemand wird mit dieser kleinen Dreistigkeit rechnen – und genau darin liegt unsere Chance, Männer!“

Diego reckte beide Fäuste in den Himmel. „Ein tollkühner Plan!“

„Das ist Selbstmord!“, beschwerte sich dagegen William. „Das geht nicht gut!“

Auch einige andere Matrosen hatten große Bedenken. Die Mehrheit stand jedoch hinter Drake.

„Sobald es dunkel ist, geht es los“, kommandierte Drake. „Alle Lichter werden gelöscht. Und Diego, du kümmerst dich darum, dass die Beiboote klargemacht werden.“

„Aye, Sir!“

Drake nickte ihm zufrieden zu. „Alle anderen kontrollieren ihre Waffen. John und unsere neuen Bootsjungen werden die Riemen mit Tüchern umwickeln. Auf geht's!“

Die Freunde gehorchten. John erklärte ihnen, dass die Riemen weniger Lärm beim Eintauchen ins Wasser verursachen würden, wenn sie mit Stoff umwickelt waren.

„Alter Piratentrick“, sagte er leise, während die Kinder ihrer Arbeit nachgingen. „Wir schleichen uns sozusagen an.“

„Heißt das etwa, dass wir auch mitsollen?“, fragte Julian.

„Na klar!“, erwiderte John.

Wenig später war es dunkel. Der Mond wurde halb von einer Wolkenbank verdeckt. Drake gab das Signal zum Aufbruch. Die Pinasse und ein weiteres, kleineres Beiboot wurden besetzt. Außer Kija und Percy blieb nur ein kleiner Trupp auf der Golden Hind zurück. Sonst wurde jeder an Bord der Beiboote gebraucht. Das kleinere kommandierte Diego, die Pinasse Drake selbst. Der Kapitän saß im Bug gleich hinter dem Geschütz. Er trug einen Brustpanzer und hatte den Säbel umgegürtet. Seine Hand ruhte auf einer geladenen Donnerbüchse.

Julian, Leon, Kim und John waren zum Rudern eingeteilt worden. Während Drakes Männer die feindlichen Schiffe enterten, sollten sie die Pinasse dicht beim jeweiligen Ziel des Angriffs halten. Die Freunde waren froh, dass Drake nicht auf die Idee gekommen war, sie beim eigentlichen Kampf einzusetzen. Ganz anders John – er brannte darauf, seinen Mut zu beweisen. Um die Gefährten herum saßen waffenstarrende Piraten. Sie waren mit *Hellebarden*, Messern, Enterhaken, Beilen und schussbereiten *Musketen* ausgerüstet. Es herrschte absolute Ruhe.

Julian, der neben John saß, seufzte leise, während die beiden Boote fast lautlos über die ruhige See glitten. Er drehte den Kopf und schaute nach vorn. Das mürrische Gesicht von William, der ebenfalls ruderte, und die Umrisse des ersten spanischen Schiffs gerieten in sein Blickfeld. Julian wurde schwindelig. Das Schiff wirkte von hier unten aus gesehen einfach riesengroß und unbesiegbar. Hinter ihm funkelten die Lichter von Callao.

„Hast wohl Angst, was?“, zischte William. „Recht hast du, Kleiner. Verrecken werden wir alle! Wenn es nicht das Meer ist, das uns holt, dann sind’s die Kanonen der Cacafuego!“

Schon erhielt der Matrose einen harten Schlag in den Rücken, der ihn zum Schweigen brachte.

Julian schaute zu Boden. William hatte wohl Recht: Die Aktion war ein absolutes Himmelfahrtskommando. Und Kim, Leon und er nahmen daran teil! Das war völliger Wahnsinn! Aber: Was sollte er tun? Nicht mehr weiterrudern? Über Bord springen und zurückschwimmen? Er würde nicht weit kommen. Zweifellos war das Meer um diese Jahreszeit eiskalt. Außerdem würde Drake das niemals zulassen! Nein, Julian würde brav weiterrudern, immer näher an das erste Schiff heran. Es würde schon alles gut gehen, Drake hatte sicher alles bedacht – oder?

Aber wenn nicht, was dann? Julian drehte sich erneut

um und sein Herz schlug ihm bis zum Hals. Gleich würden sie das große Schiff erreichen! War das die berühmte Cacafuego oder die Nuestra Señora de la Concepcion, wie sie richtig hieß? Julians Augen wurden schmal. Im schwachen Licht konnte er nicht genau erkennen, was am Bug stand, aber dieser Name war kurz und begann mit einem großen A – demnach konnte es nicht die Cacafuego sein.

Drake stand auf. Er hatte einen Enterhaken in der Hand, einen dreizackigen Widerhaken an einem langen Seil. Diesen schleuderte er über seinen Kopf und ließ ihn durch die Nacht sausen, genau auf die Reling des feindlichen Schiffs zu. Ein Poltern folgte, als der Enterhaken auf das Deck schlug.

Julian schluckte. Hoffentlich hatte das keiner der Spanier gehört! Rasch zog Drake am Seil, bis die Widerhaken an einer Strebe der Reling Halt fanden. Die Pinasse berührte jetzt die Bordwand des spanischen Schiffes. Diegos Beiboot hielt sich etwa zehn Meter entfernt. Fünfzehn Schützen knieten darin, die Musketen im Anschlag und bereit, das spanische Schiff im Notfall sofort unter Feuer zu nehmen.

Der Kapitän drehte sich zu seinen Männern um. Sein Gesicht verzog sich zu einem grimmigen Grinsen. Dann nickte er. Mehr war nicht nötig. Die Piraten in der Pinasse standen auf, die Waffen dicht am Körper.

Als Erster zog sich Drake wieselflink und nahezu geräuschlos an dem Seil nach oben zur Reling. Die anderen folgten ihm, darunter auch John.

Flucht im Kanonenhagel

Kim, Leon und Julian schauten sich ängstlich an.

„Hoffentlich geht das gut“, hauchte das Mädchen.

„Ja, was für ein verrückter Plan“, erwiderte Leon und deutete auf die Ruder. „Notfalls können wir wenigstens entkommen.“

Sie schauten nach oben. Die Wolken hatten den Mond freigegeben. Schwarze Gestalten huschten geduckt an der Reling entlang zum prächtigen Achterkastell des Schiffs. Dort leuchtete plötzlich ein Licht auf. Die Freunde hielten den Atem – bestimmt waren das die Wachen!

Schon wurden Rufe laut. Ein Poltern. Kampflärm, unterdrückte Schreie – Glas splitterte, dann erlosch das Licht.

Jetzt war es wieder still. Eine kalte Böe trieb kleine Wölkchen am weißen Mond vorbei. Die Minuten verstrichen und nichts geschah.

„Sie durchsuchen das Schiff nach Schätzen“, vermutete Julian.

Endlich tauchten wieder Männer an der Reling auf. Jemand winkte ihnen zu. Kim erkannte, dass es Drake war. Dann wurden Truhen an Seilen herabgelassen. Die Freunde nahmen sie in Empfang. Dabei mussten sie höllisch aufpassen, nicht das Gleichgewicht zu verlieren und ins Wasser zu stürzen. Leon konnte es nicht lassen und hob den Deckel einer Truhe an. Sie war bis zum Rand mit *Dukaten* gefüllt.

Ein leiser Pfiff ließ Leon wieder zum spanischen Schiff schauen. Jetzt wurde eine Strickleiter herabgelassen. Bevor sich Leon fragen konnte, was das sollte, brach die Hölle los. Aus dem Hinterhalt peitschten Schüsse über das Wasser. Jemand schrie gellend.

Kommandos erschallten. Kapitän Drake wedelte mit den Armen und gab kurz und präzise seine Anweisungen. Die ersten Männer eilten die Strickleiter hinunter und sprangen in die Pinasse. Wieder bellte Musketenfeuer.

Voller Angst drehte sich Leon nach Diegos Boot um. Niemand schoss zurück – und jetzt erkannte Leon auch den Grund: Wenn Diegos Männer abgedrückt hätten, so hätten sie die eigenen Leute treffen können, die über die Reling kletterten. Erneut ertönten Schüsse. Sie kamen vom Bugkastell. Wasser spritzte auf, dann flogen Holzsplitter durch die Luft – die Pinasse war getroffen worden!

Jetzt sprang John ins Boot. In seinen Augen lag ein nervöser Glanz. „Schneller, schneller, schneller!“, feuerte er die anderen Piraten an, die jetzt nach und nach in die Pinasse stürmten und dabei fast übereinander fielen.

Flüche wurden laut. Zum Schluss kam Drake – aber er war nicht allein. Er trieb einen Mann vor sich her, der ihn wüst auf Spanisch beschimpfte.

„Was wollen wir mit dem?“, fauchte William. „Wir saufen doch auch so fast ab!“

„Halt die Klappe!“, stauchte der Kapitän ihn zusammen. „Dieser *Señor* ist unsere Geisel – hoffentlich wird man dann nicht mehr auf uns schießen.“

Er hielt dem Spanier seinen Säbel unter die Kinnspitze. Der Mann funkelte ihn wütend an. Aber er verstand, was von ihm verlangt wurde, und brüllte ein paar Worte zum Schiff. Augenblicklich schwiegen die Musketen.

„Wer sagt's denn!“, rief Drake zufrieden. „Und jetzt an die Riemen. Wir müssen verschwinden! Gleich geht es hier richtig zur Sache!“

„Was ist mit der Cacafuego?“, fragte John.

„Keine Spur von ihr“, erwiderte Drake mürrisch und nahm wieder neben dem Bordgeschütz Platz.

Unterdessen überschüttete der Spanier Drake mit einem Schwall aus Schimpfwörtern, wobei Julian auffiel, dass mehrfach Drakes Name fiel. Der Kapitän ignorierte den Spanier, ließ ihm aber zur Sicherheit Hände und Füße fesseln.

Alle legten sich mächtig in die Riemen, und die Pinasse sowie Diegos Boot machten ordentlich Fahrt. Auch Leon, Kim und Julian ruderten wie besessen. Drakes großer Plan hatte nur teilweise funktioniert. Man hatte sie entdeckt! Jetzt galt es, aus der Bucht herauszukommen.

„Ein Glück, dass uns der ehrenwerte Spanier begleitet“, sagte John und lachte sogar kurz auf.

Danach war Julian nicht gerade zumute. Er schaute einmal mehr über die Schulter zum Bug, wo Drake saß. Hatten sie die Bucht schon verlassen und das offene Meer erreicht, wo die Golden Hind auf sie wartete?

Doch er sah leider nicht die Golden Hind, sondern etwas, was ihm das Blut in den Adern gefrieren ließ. Eine dickbauchige, gut beleuchtete Galeone schnitt ihnen den Weg ab!

„Achtung, Männer!“, schrie Drake. „Feind steuerbord voraus. Ruder einholen. Klarmachen zum Gefecht!“

„Die ... die werden uns ... doch wohl nicht ... angreifen ...“, stammelte John. „Wir haben schließlich die Geisel!“

„Oh doch, das sieht ganz so aus“, giftete William.

„Sie pfeifen auf das Leben des Señors! Jetzt bekommen wir die Quittung für unseren blinden Gehorsam!"

Die Piraten legten die Musketen an.

„Erst schießen, wenn ich das Kommando gebe!", befahl Drake. „Wir sind noch zu weit weg!"

Der große Segler verlangsamte die Fahrt und drehte bei.

„Oh Gott, der Spanier hat uns den Weg abgeschnitten. Und die Geschützluken sind offen, ich kann's genau sehen, sie werden tatsächlich auf uns feuern!", sagte John voller Panik und faltete die Hände. Er begann ein Gebet zu murmeln.

„Zielt auf die Luken", schrie Drake, „und versucht, die Geschützmannschaften auszuschalten!"

Die Musketen wurden alle gleichzeitig abgefeuert. Pulverdampf umwaberte die Pinasse. Auch von Diegos Schiff knallte eine Salve in Richtung Galeone.

Die Antwort des Kriegsschiffs ließ nicht lange auf sich warten. Es feuerte eine komplette *Breitseite* auf die beiden kleinen Boote ab. Es klang wie das Donnern und Grollen eines heftigen Gewitters. Dann rasten die Kugeln heulend heran. Gischt spritzte auf und die Boote schwankten bedenklich. Aber wie durch ein Wunder war weder Drakes noch Diegos Boot getroffen worden.

„Freut euch nicht so früh, die laden nach!", sagte William.

Drake antwortete nicht, sondern beugte sich über das kleine Geschütz im Bug. Ein schwacher Feuerschein glomm auf.

„Er schießt zurück", sagte Leon tonlos. „Aber was kann er mit dem kleinen Ding schon ausrichten?"

„Eine ganze Menge", erwiderte John. „Er muss nur richtig treffen. Zum Beispiel die Pulverkammer ..."

„Aber woher will der Kapitän wissen, wo die ist?"

„Seht ihr das Abzugsrohr auf der Back?", fragte John leise.

„Ja."

John sah sie eindringlich an. „Das gehört bestimmt zur Kombüse. Und wenn die Kombüse im vorderen Teil der Galeone ist, dann ist die Pulverkammer garantiert achtern – wegen der Feuergefahr, die von der Kombüse ausgeht! Außerdem ..."

Weiter kam er nicht. Das Geschütz der Pinasse brüllte auf. Schrill pfeifend sauste die Kugel über die nächtliche See und traf die Galeone unterhalb des Besanmastes. Es gab ein hässliches Splittern, als die Kugel die Bordwand durchbrach. Eine heftige Explosion folgte. Das Achterkastell zerbarst in einem Feuerball. Der Besanmast wurde vom Druck der Detonation weggefegt und krachte aufs Oberdeck. Es regnete Holztrümmer und Takelageteile. Schon bekam die Galeone leichte Schlagseite.

Auf Drakes Booten brach Jubel aus.

„Was für ein Schuss!“, brüllte jemand. „Hoch lebe der Käpt’n!“

Die Freunde sahen, wie von der Galeone Rettungsboote zu Wasser gelassen wurden. Das Feuer am Heck breitete sich rasch aus. Weitere, kleinere Explosionen folgten.

„An die Riemen!“, befahl Drake. „Wir haben keine Zeit zu verlieren. Bestimmt wird gleich eine weitere Galeone gefechtsklar gemacht!“

Wie in Trance gehorchten auch die Freunde. Sie ruderten um ihr Leben. Ihre Muskeln brannten, ihr Atem jagte.

Völlig ausgepumpt erreichten sie wenige Minuten später die Golden Hind. Dort ließ Drake den Spanier in einem weiteren Beiboot frei. Der Mann beschimpfte Drake weiter wüst und wünschte ihm den Teufel auf den Hals.

Die Golden Hind setzte Segel und floh aus der Bucht von Callao. Drakes Schiff nahm jetzt Kurs aufs offene Meer.

Kim, Leon und Julian bekamen keine Anweisungen und zogen sich in ihre Hängematten im Geschützdeck zurück, wo sie Kija freudestrahlend in die Arme schlossen. Die Katze blickte die Freunde vorwurfsvoll an und miaute etwas unwillig.

„Ich glaube, sie will nach Hause. Schiffe sind einfach nichts für sie“, sagte Kim.

„Aber ich möchte wissen, wie Drake die Cacafuego geplündert hat“, erwiderte Leon.

Julian schaute seine Freunde nachdenklich an. „Leute, mir ist da vorhin etwas aufgefallen, als wir den spanischen Kapitän an Bord genommen haben …“

„So, was denn?“

Julian kam nicht dazu, von seinem Verdacht zu berichten. Diegos Pfeife ertönte. Die Mannschaft musste an der Ruderpinne antreten.

„Niemand scheint uns zu verfolgen, die Spanier haben unsere Fährte verloren. Und wir, wir haben heute eine gute *Prise* gemacht!“, begann der Kapitän. „Jeder von euch wird selbstverständlich seinen Anteil bekommen!“

Die Männer johlten und pfiffen.

„Wie viele Dukaten sind es, Käpt'n?“

„Ich habe sie noch nicht gezählt“, erwiderte Drake. „Doch es hat sich dem ersten Anschein nach gelohnt, Männer!“

„Wir hätten diesen Spanier mitnehmen und als Sklaven verkaufen sollen!“, bemängelte jemand. „Wer war das überhaupt? Der Kapitän?“

„Ja, ich kenne zwar seinen Namen nicht, aber er hat mir zu verstehen gegeben, dass er der Kapitän ist“, erwiderte Drake. „Eine Schande, dass die Spanier auf ihre eigenen Leute schießen!“

William trat vor, die Arme vor der Brust verschränkt. „Aber was ist mit der Cacafuego, die Sie uns versprochen haben, Käpt'n?“

Drake sah William herausfordernd an. „Wir werden auch die Cacafuego entern, wenn die Zeit dafür gekommen ist.“

„Also haben wir vorhin unser Leben für ein kleines spanisches Handelsschiff riskiert“, stellte William fest. „Die Cacafuego war offensichtlich gar nicht da, wo Sie, Käpt'n, sie vermutet haben.“

In der Mannschaft wurde gemurrt.

„Die Cacafuego muss Callao erst vor Kurzem verlassen haben“, sprang Filipe dem Kapitän bei. „Sie wird auf dem Weg nach Panama sein und wir werden sie schon noch einholen. Die Golden Hind ist schließlich erheblich schneller als die plumpe Cacafuego.“

Wieder gab es Diskussionen.

Drake wartete einen Moment, dann hob er die Hand, was alle zum Verstummen brachte. „Wir werden die Cacafuego jagen und sie zur Strecke bringen, Männer“, versprach er. „Unser heutiger Erfolg soll aber zunächst gefeiert werden. Rum für alle, und nicht zu knapp!“

Die Skepsis in der Mannschaft wich – spätestens, als ein Fässchen Rum auf dem Vorderkastell angezapft wurde und der Schnaps zu fließen begann.

„Drake ist gar nicht auf Williams Vorwürfe eingegangen“, bemerkte Kim, als die Freunde unter sich waren. Sie lehnten gemeinsam an der Reling und schauten hinaus aufs Meer.

„Er ignoriert ihn und lässt lieber Fakten sprechen“, entgegnete Leon. „Doch er sollte nicht den Fehler machen, diesen William zu unterschätzen. Aber was wolltest du uns vorhin eigentlich sagen, Julian?“

Julian vergewisserte sich, dass niemand sie belauschte. Dann erwiderter er leise: „Zwei Dinge haben mich stutzig gemacht. Erstens: Die spanische Geisel wusste, wer sie entführt hat. Denn als der Spanier Drake beschimpfte, nannte er mehrfach dessen Namen. Das habe ich genau gehört. Doch Drake hat vorhin gesagt, dass er den Spanier gar nicht kannte. Also: Woher wusste der spanische Kapitän, dass er es mit Drake zu tun hatte? Zweitens: Wieso war die Galeone, die uns beschossen hat, bereits gefechtsklar? Die Mannschaft dieses Schiffs war auf unser Kommen vorbereitet, sage ich euch.“

Kims Mund klappte auf. „Du meinst, die Bucht von Callao war eine Falle?“

Julian nickte. „Ja, und das Ganze hat bestimmt mit

den Lichtsignalen zu tun. Ich fürchte, dass der Kugelhagel von vorhin nicht die letzte böse Überraschung war!“

Die List

Als der nächste Morgen dämmerte, ließ Drake die Mannschaft wie gewöhnlich zum Gebet antreten. Während Kim den Text murmelte, beobachtete sie den Himmel. Er bot ein atemberaubendes Schauspiel. Violette Wolken reihten sich aneinander. Von Osten schimmerte rotes Licht durch, gewann schnell an Kraft und eroberte leuchtend den Küstengürtel. Es schien ein besonders schöner Tag zu werden.

„Männer!", brüllte der Kapitän, sobald das Gebet und der Treueschwur für Königin Elisabeth beendet waren. „Wie ihr alle wisst, ist unser Ziel die Cacafuego. Und ihr wisst auch, dass dieses Schiff über große Geschütze verfügt. Also kommt es darauf an, dass wir die Spanier zuerst sehen – und nicht die Spanier uns."

Er blickte die Matrosen der Reihe nach an. Dann zog er unter seinem wie immer blütenweißen Hemd eine schwere Goldkette hervor und hob sie hoch in die Luft, damit sie jeder sehen konnte.

„Diese Kette bekommt derjenige, der die Cacafuego als Erster entdeckt!“, rief der Kapitän.

Die Mannschaft bekam große Augen. Ein Raunen ging durch die Reihen.

„Also, Männer, es lohnt sich, besonders wachsam zu sein!“, sagte Drake abschließend. „Und jetzt ran an die Arbeit!“

Der Kapitän jagte die Mannschaft in die Wanten. Nur Percy ging unter Deck und humpelte in seine Kombüse. Diego übernahm die Ruderpinne, während sich Drake und Filipe auf das Achterkastell zurückzogen.

Kim, Julian und Leon halfen mit, das kleine Stagsegel zu setzen. Hoch über ihren Köpfen arbeiteten die anderen Seeleute, und nach und nach fielen Vor-, Haupt- und Besansegel in den Wind, der sie aufblähte. Rasch gewann die Golden Hind an Fahrt.

„Mann, ist das herrlich!“, rief Leon übermütig, als er kurz darauf ganz vorn am rot und gelb gestreiften *Galion* des Schiffes stand und die Nase in die Brise hielt. Die Sonne streichelte sein Gesicht mit den vielen Sommersprossen, er schmeckte Salz auf den Lippen. In diesem Augenblick fühlte sich Leon wie ein echter Seemann, fast schon wie ein Pirat.

„Wetten, dass John noch eine viel bessere Aussicht hat!“ Kim lachte.

Leon wandte sich um. „Ich sehe ihn nicht.“

Da hörte er John rufen und blickte nach oben. Er staunte. John winkte ihm aus dem *Krähennest* zu.

„Kommt doch rauf!“, schrie der junge Pirat. Lässig lehnte er im hölzernen Korb am *Masttopp*.

Julian tippte sich nur an die Stirn. Nicht um alles in der Welt würde er da raufklettern. Er grinste Leon und Kim an: „Nach euch!“

Leon überlegte einen Moment, aber dann sagte er: „Muss nicht sein. Vielleicht ein anderes Mal.“

„Da würde noch nicht mal Kija raufklettern“, bemerkte Kim. Die ägyptische Katze hatte es vorgezogen, sich ein sicheres Plätzchen unter Deck zu suchen. Kim vermutete, dass sie sich bei Percy in der Kombüse aufhielt. „Kommt Jungs, wir machen uns beim Smut nützlich.“

Und so saßen sie kurz darauf in Percys leicht schwankendem Reich und schälten mal wieder Kartoffeln. Kija lag auf Kims Schoß und blinzelte träge. Die nächtliche Rattenhatz war ziemlich anstrengend gewesen.

Unterdessen hantierte Percy am Herd. „Hab William gebeten, die Angel auszuwerfen. Ich hoffe, dass er ein paar Fische fängt. Das wäre mal eine schöne Abwechslung auf dem Speisezettel“, brummte er vor sich hin. „Außerdem bekommt jeder heute einen Apfel. Da sind Vitamine drin, hat mir der Kapitän verraten. Und das soll gut gegen *Skorbut* sein.“ Der Smut grinste und deutete auf die Löcher in seinem Gebiss, wo vor langer Zeit einmal Eckzähne gewesen sein mochten. „Hätte ich früher wissen sollen …“

Der Mann hat wirklich einen sehr schrägen Humor, dachte Kim einmal mehr.

„Den Fisch könnte ich mit etwas Zitrone abschmecken“, sagte Percy, während er mit spitzen Fingern eine verhutzelte Zitrusfrucht unter die Lupe nahm. „Aber ob da noch viel Saft rauskommt? Nun, ich könnte ja auch …“

Ein Schrei ließ ihn verstummen.

„Das kam vom Oberdeck!“, rief der Smut. „Los, rauf!“

Schon hasteten sie den Niedergang hinauf. Sogar Kija kam mit.

Ein Großteil der Mannschaft hatte sich um den Hauptmast versammelt. Auch Drake und Filipe waren da. Nur Diego hatte seinen Posten nicht verlassen und stand immer noch an der Ruderpinne.

„Ich hab sie gesehen, ich hab sie gesehen!“, brüllte John und hüpfte wie ein Gummiball auf dem Deck herum. „Die Cacafuego!“

„Wo?“, fragte Drake atemlos.

„Hart *backbord* voraus!“, rief John. Seine Wangen waren vor Aufregung gerötet.

„Macht Platz, Männer!“, herrschte der Kapitän die

Umherstehenden an. Dann eilte er zur Back und richtete das Fernrohr in die von John angegebene Richtung.

Es verging eine halbe Minute, die allen vorkam wie eine Ewigkeit. John kaute auf seiner Unterlippe herum. Nun winkte der Kapitän Filipe heran und reichte ihm das Fernrohr.

„In der Tat, sie ist es!“, rief der Navigator kurz darauf. „Und soweit ich es einschätzen kann, ist sie wie erhofft erheblich langsamer als wir.“

Jubel brach an Deck aus.

„Mir gehört die Kette!“, schrie John über den Lärm hinweg.

Mit gemessenen Schritten ging sein Onkel auf ihn zu und holte die Kette hervor. Plötzlich kehrte feierliche Stille ein. Drake lächelte sanft. Dann hängte er seinem Neffen die Kette um. John strahlte über das ganze Gesicht, während die Mannschaft applaudierte.

Schließlich hob der Kapitän die Hand und es kehrte wieder Ruhe ein.

„Wir sollten uns nicht zu früh freuen“, sagte Drake ernst. „Denn nun beginnt der schwierige Teil der Aufgabe …“ Er machte eine bedeutungsschwere Pause, die William sofort für eine Frage nutzte.

„Sir, Sie wollen doch nicht etwa jetzt angreifen, oder?“

Der Kapitän richtete seinen Blick auf den Matrosen. Seine Augen wurden schmal.

„Selbstverständlich!“, erwiderte er souverän.

„Aber … aber die Cacafuego wird uns auf den Meeresgrund schicken!“, stammelte William fassungslos. „Wir haben keine Chance gegen dieses Schiff, Käpt’n, schon gar nicht bei Tag!“

„Wenn ein Feigling wie du hier das Kommando hätte, dann wohl nicht“, sagte Drake kühl.

William ballte die Fäuste. Dann bekreuzigte er sich hastig. „Das ist Wahnsinn, absoluter Wahnsinn. Wir werden tot sein, bevor auch nur ein einziger unserer Enterhaken die Cacafuego berührt.“

Betretenes Schweigen. Sogar John war nachdenklich geworden. Die Gefährten warfen sich nervöse Blicke zu.

„Niemand wird sterben“, sagte der Kapitän sachlich. „Ich habe einen Plan, und er wird funktionieren, wenn jeder genau das tut, was ich sage, Männer.“

Ein Ruck ging durch die Mannschaft.

„Wir werden uns den Schatz der Cacafuego holen, das verspreche ich“, fuhr Drake fort. „Jeder von euch wird als reicher Mann in unser geliebtes England zurückkehren, jeder!“ Drakes Wörter knallten wie Peitschenhiebe über das Deck. Jetzt machte er einen Schritt auf William zu. Die Männer standen sich nun so dicht gegenüber, dass sich ihre Nasen fast berührten. „Was ist mir dir, William? Wirst du meinen Befehlen folgen oder soll ich dich über die Planke schicken?"

William senkte den Blick. „Aye, Sir, ich werde gehorchen", murmelte er.

„Lauter, William, ich hab dich nicht gehört!", forderte der Kapitän.

Mit hängenden Schultern wiederholte William den Satz laut und deutlich.

„Das rate ich dir auch", zischte Drake, bevor er sich von William abwandte. „Jeder geht zurück auf seinen Posten. Wir halten geradewegs auf die Cacafuego zu. Wartet meine nächsten Befehle ab!"

Die Freunde erhielten keine neuen Aufgaben. Natürlich gingen sie nicht in die Kombüse zurück, sondern liefen zum Galion.

„Was hat Drake nur vor?", fragte Julian.

„Das werden wir gleich wissen", sagte Kim, während sie Kijas Köpfchen streichelte. „Und dann haben wir auch die Antwort auf die Frage, die am Anfang dieses Abenteuers stand, Jungs!"

„Hoffentlich ist es nicht wieder eine Falle", sagte Julian.

Leon bedeckte die Augen mit der Hand. Ein gutes Stück vor ihnen war ein dunkler Punkt zu sehen. Das musste die Cacafuego sein! Jetzt hätte Leon viel für ein anständiges Fernrohr gegeben. „Mich würde interessieren, was William eigentlich plant“, sagte er mit besorgtem Gesicht.

„Schiff gefechtsklar machen!“, gellte da Drakes Kommando über das Deck.

„Kommt, wir schauen zu!“, rief Kim und sauste los.

Im Geschützdeck herrschte Hochbetrieb. Die Matrosen machten Lunten, Stopfer, Pulver und Kanonen bereit. Der Kapitän selbst überprüfte den Fortschritt der Arbeiten.

„Die Geschützluken bleiben zu!“, bellte er William an, als dieser eine Pforte öffnen wollte. „Niemand soll sehen, was wir vorhaben!“

Dann wandte er sich an einen anderen Mann. „Bereitet Brandpfeile vor. Notfalls schießen wir ihre Segel in Brand und machen ihnen Feuer unterm Hintern! Dann ist die Cacafuego manövrierunfähig.“

„Aye, Sir!“

Drake hetzte wieder aufs Oberdeck, dicht gefolgt von den Gefährten.

„Filipe, du übernimmst das Ruder. Diego, komm her!“, lautete die nächste Order.

Diego übergab die Pinne und sah den Kapitän fragend an.

„Sorg dafür, dass eine spanische Flagge gehisst wird“, verlangte Drake. „Außerdem bist du mir dafür verantwortlich, dass überall an Deck Tonnen mit Wasser stehen – für den Fall, dass die Spanier versuchen, uns in Brand zu schießen!“

„Aye, Käpt’n!“, erwiderte Diego und strahlte dabei über das ganze Gesicht. „Eine spanische Flagge – gute Idee!“

Leon blies die Backen auf. Das konnte wirklich ein heißer Kampf werden. Außerdem gab es vermutlich einen Verräter an Bord! Und der könnte, das ahnte Leon, in diesem gefährlichen Spiel noch eine entscheidende Rolle spielen.

Die Freunde beobachteten, wie John mit der Flagge den Hauptmast hinaufkletterte und sie über dem Krähennest hisste. Unterdessen wuchteten die Matrosen volle Wasser- und Sandfässer unmittelbar an die Masten.

Die Freunde schauten zum Bug. Der schwarze Fleck war größer geworden. Die Golden Hind holte die Cacafuego in Windeseile ein.

Julian hatte ein mulmiges Gefühl. Hoffentlich gab es kein richtiges Gefecht! In Gedanken suchte er schon ein Plätzchen, wo sie sich verkriechen konnten, wenn die Seeschlacht erst begann. Aber hier war alles aus Holz. Nichts, was eine eiserne Kanonenkugel aufhalten konnte! Julian beruhigte sich mit dem Gedanken, dass Drake nicht so dumm sein konnte, die Cacafuego zur offenen Schlacht herauszufordern. Nein, der Kapitän musste noch etwas vorhaben – aber was?

Keine Viertelstunde später war das spanische Schiff gut zu sehen. Die stolze Galeone wirkte relativ plump und langsam. Sie mochte noch etwa fünfhundert Meter entfernt sein.

Drake befahl, dass sich die Golden Hind auf der Backbord-Seite der Cacafuego hielt.

Julian hatte den Eindruck, dass Drakes Schiff auf die Cacafuego zuflog, so schnell war sie. Er blickte zum Kapitän und sah, dass der Freibeuter listig lächelte.

„Macht unser Schiff langsam, Leute!“, schrie er.

Diego schaute den Kapitän ungläubig an. „Langsam, Sir? Sollen wir die Segel reffen?“

„Nein, kein Fetzen Segel wird eingeholt. Werft *Treibanker* aus. Füllt Tonnen mit Sand und hängt sie an das Heck!“

Sofort wurde der Befehl ausgeführt – und die Golden Hind verlor deutlich an Fahrt. Als Drake die fragenden Gesichter der Freunde bemerkte, erklärte er ihnen seinen Plan: „Sicher haben die Spanier uns schon entdeckt. Sie sehen ein Schiff mit spanischer Flagge unter vollen Segeln, das dennoch merkwürdig langsam ist. Sie werden denken, dass wir ein Problem haben, dass wir in Seenot sind. Aber ganz sicher werden sie nicht glauben, dass wir sie gleich angreifen werden.“

Staunend blickten die Gefährten wieder zur Cacafuego. Deren Segel waren gerefft worden. Es schien so, als ob die Galeone auf die Golden Hind warten würde. Langsam schob sich Drakes Schiff auf die Cacafuego zu. An Deck der Golden Hind machte sich nervöse Spannung breit.

„Pinasse backbord zu Wasser lassen und mit zwanzig Schützen besetzen. Die Pinasse bleibt dort in Position“, ordnete Drake als Nächstes an.

Kim war beeindruckt. „Die Spanier können die Pinasse und die Piraten nicht sehen! Das Beiboot wird von der Golden Hind verdeckt.“

Julians Herz klopfte jetzt immer schneller. Zwanzig Schützen! Fast glaubte er, schon den Pulverdampf riechen zu können.

Bis zu den Zähnen bewaffnete Männer kletterten in die Pinasse. In ihren Augen lag wilde Entschlossenheit. Unterdessen kroch die Golden Hind weiter auf die Cacafuego zu. Jetzt waren die Schiffe in Rufweite. Mit Erleichterung sah Julian, dass die Geschützluken der Cacafuego geschlossen waren. Offenbar war dort niemand auf Gefechtsstation!

„Taue der Treibanker kappen!“, befahl der Kapitän leise.

Von der Last befreit, nahm die Golden Hind wieder Fahrt auf, wechselte den Kurs und lag urplötzlich steuerbord der Cacafuego, während die Pinasse backbord blieb. Die Engländer hatten die Spanier in die Zange genommen.

„Geschützpforten auf!“, schrie Drake.

Auf dem Achterkastell der Cacafuego tauchten mehrere Männer auf und gestikulierten wild.

„Ergebt euch oder ihr werdet versenkt!“, brüllte Filipe auf Spanisch. Ein Wortschwall folgte von der Cacafuego.

„Was hat er gesagt?“, verlangte Drake zu wissen.

„Sie denken gar nicht daran aufzugeben“, antwortete Filipe.

Wie zur Bestätigung tauchten am Oberdeck der Spanier Musketenschützen auf und legten auf die Golden Hind an.

„Auweia“, sagte Kim, die bleich geworden war. Mit Kija, Leon und Julian verkroch sie sich hinter zwei dicken, mit Sand gefüllten Fässern.

Das Versteck

„Feuer!“, brüllte Drake, während die Kugeln über das Deck pfiffen. „Zielt auf die Geschützluken! Aber nicht zu tief, wir wollen den Pott schließlich nicht versenken! Gebt ihnen eine volle Breitseite.“

Ein tiefer Donner ließ das Schiff erzittern. Aus allen Kanonen der Steuerbordseite rauschten die eisernen Geschosse und gruben sich deutlich oberhalb der Wasserlinie mit entsetzlicher Gewalt in den Bauch der Cacafuego. Die geschlossenen Geschützluken wurden zerfetzt, die Kanonen dahinter zerstört. Parallel griff die Besatzung der Pinasse an. Enterhaken flogen, Schreie wurden laut.

Die Freunde spähten hinter den Fässern hervor und sahen, wie an Bord der Cacafuego das Chaos ausbrach.

„Ergebt euch!“, brüllte Filipe noch einmal, aber nichts dergleichen geschah.

„Die wollen es nicht anders“, rief Drake, der das spanische Musketenfeuer ignorierte. „Sägt ihnen den Fockmast ab!“

Wieder Geschützdonner. Der vordere Mast der Cacafuego wurde getroffen, knickte um und krachte auf die Back. Es regnete Splitter. Beißender Geruch legte sich über die Decks.

„*Längsseits* gehen und entern!“

Keine Minute später rumpelten die beiden Schiffe gegeneinander und die Engländer stürmten das feindliche Schiff. Allen voran Drake, den Säbel gezückt. Von der anderen Seite drängten die Männer aus der Pinasse heran. Die Besatzung der Cacafuego wurde überrumpelt und musste sich ergeben. Nun wagten sich die Freunde an die Reling und schauten hinüber auf das mit Holztrümmern übersäte Oberdeck der Cacafuego.

Breitbeinig stand Drake an der Ruderpinne des spanischen Schatzschiffes, ein zufriedenes Lächeln auf dem Gesicht, während seine Männer die Besatzung der Cacafuego in Schach hielten.

Jetzt schleppte Diego einen Mann in einer eleganten Uniform heran. „Er ist bestimmt der Käpt'n, Sir!“, sagte Diego stolz, als er seine Beute ablieferte.

Der Spanier, ein großer Mann mit einem stattlichen Schnauzbart, fasste die Enden seiner weißen Jacke mit den goldenen Knöpfen und zog sie ruckartig glatt. Dabei blickte er Drake wutentbrannt an. „Sie müssen Drake sein“, sagte er in gut verständlichem Englisch. Er

sprach den Namen aus, als handele es sich um eine ansteckende Krankheit.

Drake nickte, immer noch lächelnd. „Richtig. Und mit wem habe ich die Ehre?“

„San Juan de Anton“, erwiderte der Spanier und reckte das Kinn vor. „Dieser Überfall wird Sie teuer zu stehen kommen.“

„Nein, er wird *Sie* teuer zu stehen kommen“, korrigierte Drake ihn schroff. „Männer, durchsucht alle Decks. Auf geht's!“

„Aye, Sir!“, schallte es ihm aus vielen Kehlen entgegen. Die Piraten teilten sich in zwei Gruppen auf. Ein Teil blieb auf dem Oberdeck, um die Spanier zu bewachen, der andere Teil verschwand im Bauch des Schatzschiffes.

Die Freunde kletterten nun ebenfalls auf das Deck der Cacafuego, hielten sich aber im Hintergrund.

„Dafür wird man Sie an der Rah hängen, Drake“, zischte San Juan de Anton.

Drake blieb ruhig. „Dafür muss man mich erst einmal kriegen.“

„Und, was haben Sie vor? Alle töten, das Schiff versenken und mit der Prise fliehen?“

„Ich bin kein Mörder“, sagte Drake. „Ich werde Ihre Mannschaft freilassen. Und ich werde auch Ihr Schiff verschonen.“ Sein Blick glitt über die Galeone. „Allerdings werde ich Ihren Besanmast kappen lassen. Somit haben Sie nur noch den Hauptmast – und keine Chance, uns zu verfolgen. Diego …“

„Aye, Sir?“

„Fällt den Besanmast. Dann werdet ihr alle übrig gebliebenen Geschütze unbrauchbar machen.“

Ein Leuchten ging augenblicklich über Diegos Gesicht. „Gern, Sir.“

Nun wandte sich Drake wieder an den Spanier. „Und Sie werden uns ein Stück begleiten. Als Lebensversicherung sozusagen. Niemand wird wagen, uns anzugreifen, solange Sie mein Gast sind.“

„Nicht schlecht, der Plan“, sagte Leon ganz leise zu seinen Freunden. Von achtern waren die ersten wuchtigen Axthiebe zu hören. Diego hatte sich an die Arbeit gemacht. „Eigentlich könnten wir die Heimreise antreten, denn schließlich wissen wir jetzt, wie es Drake gelungen ist, die Cacafuego zu entern“, fuhr er fort.

Kim nickte. „Ja, es war ein tollkühner Plan. Die Golden Hind hat den sterbenden Schwan markiert und die Spanier sind drauf reingefallen. Und niemandem ist auch nur ein Haar gekrümmt worden.“

Julian wiegte den Kopf. „Ich weiß nicht, Leute. Wir sollten den Verräter nicht vergessen. Ich habe das dumpfe Gefühl, dass dieses Abenteuer noch nicht zu Ende ist. Was ist mit den geheimnisvollen Lichtsignalen? Diese Frage haben wir noch nicht beantwortet. Und William hat angekündigt, dass er nicht teilen will."

„Ja", gab Leon zu. „Da hast …"

Sein Gemurmel ging in ohrenbetäubendem Jubel unter. Die Piraten stürmten wieder ans Oberdeck, allen voran William.

„Gold, überall Gold!", schrie er, während ihm die Augen fast aus dem Kopf sprangen.

Hinter ihm drängte John nach. Seine Wangen zierten hektische rote Flecken.

Schließlich humpelte auch Percy heran. Er deutete auf seinen Mund. „Neue Zähne, Jungs, ich lass mir neue Zähne aus dem Gold der Cacafuego machen! Das glaubt mir keiner in der Heimat!"

„Alles Gold raufholen!", befahl Drake.

Keine zehn Minuten später klatschte der Besanmast der Cacafuego in die ruhige See. Die nächsten zwei Stunden vergingen damit, den Schatz der Cacafuego auf die Golden Hind zu verladen. Insgesamt waren es vierzehn Kisten mit Silbermünzen, achtzig Pfund Gold und sechsundzwanzig Tonnen Silberbarren. Mitten an Deck ließ Drake eine Truhe nach der anderen öffnen. Die Freunde und die Piraten staunten. Der Schatz funkelte vor ihnen in der Sonne. Zumeist waren es Münzen, große und kleine, verziert mit den Köpfen von Königen.

Die länglichen Silberbarren schimmerten edel. In anderen Kisten ruhte Schmuck: Ohrhänger und Armreifen, Ringe und Amulette. Die Kisten mit dem Gold aber waren es, die die meiste Aufmerksamkeit auf sich zogen. In manchem Piratengesicht spiegelte sich die blanke Gier wider, als die Truhendeckel aufschnappten und einen Blick auf die verführerisch schimmernde Pracht erlaubten. Andere, wie Percy, seufzten immer wieder selig.

Auch die Freunde konnten sich kaum des Zaubers erwehren, der von dem Schatz ausging. Immer wieder mussten sie hinschauen. Nur Kija langweilte die Schau. Sie spielte lieber mit dem Ende eines Taus, das sich wunderschön hin und her rollen ließ und sich mitunter wie eine Schlange benahm.

Die Mannschaft feierte Drake – denn jedem war angesichts dieser fast unvorstellbar großen Prise klar, dass er bis ans Ende seines Piratenlebens ausgesorgt hatte.

Zähneknirschend sah San Juan de Anton zu, wie sein Schiff geplündert wurde. Dann machten die Piraten die Geschütze, die die Breitseite der Golden Hind überstanden hatten, unbrauchbar und entwaffneten die spanischen Seeleute, bevor sie – bis auf San Juan de Anton – auf ihrem Schiff zurückgelassen wurden.

Die Golden Hind setzte alle Segel und entfernte sich rasch von der Cacafuego, die im Meer dümpelte wie eine fette, flügellahme Ente. Der spanische Kapitän wurde im Geschützdeck der Golden Hind angekettet.

„Hoffentlich geht die Cacafuego nicht unter. Immerhin hat sie zahlreiche Treffer hinnehmen müssen“, sagte Julian zu John.

„Nein, nein“, erwiderte der junge Pirat. „Alle Treffer waren deutlich *über* der Wasserlinie. Und jetzt ist die See ruhig. Zudem hat die Mannschaft noch einen Mast. Also, wenn die Spanier tüchtig segeln, können sie die rettende Küste bald erreichen. Ihnen wird nichts geschehen.“

„Du musst es ja wissen“, erwiderte Julian und sah John zu, der fröhlich zum Krähennest hinaufkletterte, geschickt wie ein Eichhörnchen.

Auch auf dem Oberdeck herrschte beste Stimmung. Die Piraten scherzten und lachten. Drake und Filipe hatten wieder ihren Posten auf dem Achterkastell bezogen, Diego bediente die Ruderpinne.

Und die Freunde? Die blieben auf der Hut. Sie hockten sich auf die Back und beratschlagten sich.

„Wenn sich William die Prise unter den Nagel reißen will, braucht er Komplizen“, sagte Kim, während sie mit Kija spielte. Eine harte Zitrone war der Ball. Das Mädchen kullerte sie über das Deck und Kija stürzte sich mit einem Satz darauf. Selbstverständlich brachte sie den Zitronenball nicht zu Kim zurück, Kija war schließlich kein Hund. Nein, Kija behielt das Spielzeug, rollte es zwischen den Pfoten hin und her – und es war Kims Aufgabe, ihr den Ball wieder abzuluchsen.

„Stimmt, es müsste eine regelrechte Meuterei geben", sagte Julian. „Seht mal, da kommt William gerade."

Sie beobachteten, wie der Matrose eine Angel auswarf. Kurz darauf gesellte sich Percy zu ihm.

„Will er gucken, wie die Fische anbeißen? Da ist er aber früh dran", sagte Leon voller Misstrauen. Er begann, an seinem Ohrläppchen zu zupfen.

William warf einen Blick über die Schulter, als wolle er sich vergewissern, dass niemand sie beobachtete. Dann redete er auf Percy ein. Der Smut nickte heftig. Auch er schaute sich mehrfach nervös um, ohne die Gefährten jedoch zu bemerken.

„Meint ihr, dass William und Percy unter einer Decke stecken?", fragte Julian. Das konnte er sich nicht vorstellen.

Leon zuckte die Schultern. „Schwer zu glauben. Aber hier liegt was in der Luft, darauf würde ich wetten."

„Wir halten die Augen offen, Jungs", sagte Kim. Dann griff sie blitzschnell zu und versuchte, die Zitrone zu schnappen. Aber Kija kam ihr zuvor.

Der Abend brach mit einem einzigartigen Sonnenuntergang an. Über dem Horizont hatten sich Haufenwolken gebildet, die in einem Feuerwerk an Farben aufleuchteten. Durch die Risse und Brüche der Wolken schickte die Sonne letzte Lanzen aus feurigem Rot und Orange. Dann senkte sich die Dunkelheit auf die Golden Hind herab.

An Bord des Freibeuterschiffs wurden die Segel eingeholt und die Laternen entzündet. Drake versammelte die Mannschaft vor dem Achterkastell. Nach einem gemeinsamen Gebet brüllte der Kapitän: „Fünffache Rumration für alle! Dieser Tag muss gefeiert werden. Percy, öffne die Fässer, und sei bloß nicht zu geizig!"

Gelächter und Jubel ertönte. Sogar eine Muskete wurde abgefeuert. Und immer wieder ließen die Matrosen ihren Kapitän hochleben. Sogar William war dabei, wie die Freunde feststellten. Dann wurden sie zu Percy unter Deck geschickt, um ihm zu helfen. Wenig später schenkten sie Rum an die Mannschaft aus.

Dabei half ihnen John, der sich, als sie wieder in der Kombüse waren, auch ein Gläschen gönnte. „Mein Gott, schmeckt das grausam", rief er und schüttelte sich.

Percy lachte lauthals. „Du musst noch ein Glas trinken, Kleiner. Irgendwann fängt es an zu schmecken. Oder du fällst um."

„Danke, ich verzichte", erwiderte John schnell.

Percy drückte den Freunden Teller mit fangfrischem Fisch und den üblichen Kartoffeln in die Hände. „Bringt das zum Käpt'n. Und du, John, holst noch ein Rumfässchen."

Grinsend gingen die Freunde an den feiernden Piraten auf dem Oberdeck vorbei in die Kapitänskajüte, wo sie Drake, Filipe und Diego bewirteten.

„Vergesst unseren spanischen Gast nicht", mahnte der Kapitän, als die Kinder wieder gingen. „Ich erwarte, dass San Juan de Anton anständig versorgt wird."

„Aye, Käpt'n", sagte Leon.

„Alter Streber", feixte Kim, als sie die Tür hinter sich geschlossen hatten.

„Im Gegensatz zu dir weiß ich eben, was sich an Bord gehört", erwiderte Leon lachend.

„Und jetzt?", fragte Julian. „Ich hab keine Lust, wieder in die stickige Kombüse zu gehen."

„Na ja, hier ist es aber auch nicht besonders gemütlich", sagte Kim mit Blick auf die trinkenden und krakeelenden Seeleute.

Da nahm Kija ihnen die Entscheidung ab. Sie miaute, und es war einer dieser Maunzer, der besondere Aufmerksamkeit einforderte. Die Katze schaute sie mit ihren klugen Augen der Reihe nach an – und dann lief sie voran, den Schwanz senkrecht nach oben gehoben.

„Ihr nach – oder?“, sagte Julian.

„Na klar“, erwiderte Kim und flitzte los.

Kija sprang den Niedergang hinab, der zum Geschützdeck führte. Doch zur Überraschung der Freunde lief die Katze nicht ganz nach unten zur Kombüse, sondern blieb im Geschützdeck. Sie wandte sich nach achtern und schlich mittschiffs. Plötzlich hielt Kija inne und glitt steuerbord hinter eines der Gestelle mit den Kanonen. Instinktiv machte Kim es ihr nach. Leon und Julian huschten auf der anderen Seite hinter ein Kanonengestell.

Fragend schaute Kim zur Katze. Deren Ohren waren nach vorn gedreht. Und jetzt hörte auch Kim ganz leise Stimmen, die von weiter vorn kamen – von dort, wo ihre Hängematten hingen und der spanische Kapitän angekettet war! Redete der Kapitän mit jemandem? Aber mit wem? Oder führte er Selbstgespräche?

Kim spitzte angestrengt die Ohren, konnte aber nicht verstehen, was gesagt wurde. Sie gab ihren Freunden ein Zeichen und deutete nach vorn. Leon und Julian nickten. Dann glitten sie zur nächsten Kanone. Kim konzentrierte sich. Ja, das war der Spanier, keine Frage – und der andere war, ja, der andere war ohne Zweifel Percy! Was hatten denn die beiden zu besprechen? Kims Herz schlug schneller.

Sie schob die Nase über das Kanonenrohr. Da! Percy

saß vor dem am Fuß angeketteten Spanier. Hatte der Smut der Geisel etwas zu essen gebracht? Nein! Kein Teller, kein Glas, nichts! Aber etwas anderes wechselte jetzt den Besitzer. San Juan de Anton zog einen zusammengerollten Zettel aus seiner Jacke und steckte diesen Percy zu.

Der Smut griff an sein Holzbein und begann, daran herumzuschrauben. Kims Augen wurden groß. Percy hatte die Spitze seines Holzbeins geöffnet und die Botschaft darin verschwinden lassen! Jetzt drehte er einen Verschluss auf das Bein, wie eine Kappe auf einen Flaschenhals – und die geheimnisvolle Nachricht war vor allen neugierigen Blicke verborgen. Dann erhob sich der Schiffskoch hastig.

Die Gefährten gingen jetzt blitzschnell wieder in Deckung.

Tock, tock, tock. Der Smut kam auf sie zu.

Kim biss sich auf die Unterlippe. Wenn Percy sie hier entdeckte, würde er unangenehme Fragen stellen. Sie hätten etwas zu essen für den spanischen Kapitän mitnehmen sollen. Dann hätten sie eine vernünftige Erklärung dafür gehabt, was sie hier verloren hatten. Aber für diese Erkenntnis war es jetzt natürlich viel zu spät.

Tock, tock, tock.

Kim machte sich so klein wie möglich. Sie roch das Eisen der Kanone und den Schwefel des Pulvers. Kija schmiegte sich an sie, als wollte sie ihr signalisieren, dass schon nichts passieren würde.

Tock, tock, tock. Jetzt musste Percy gleich an ihnen vorbeihumpeln. Das Mädchen schloss die Augen. Ihre Gedanken rasten. War Percy also doch Williams Komplize? Aber wer noch? Und welche Rolle spielte der spanische Kapitän?

Der Boden neben ihr vibrierte leicht von den schweren Schritten des Smuts. Das Geräusch wurde etwas leiser. Kim riss die Augen auf. Percy war verschwunden. Sie atmete auf. Die drei Freunde verkrümelten sich so schnell wie möglich in eine Ecke im Bugbereich des Geschützdecks, wo sie ungestört waren.

„Habt ihr gesehen, was ich gesehen habe?“, fragte Kim atemlos.

„Natürlich“, entgegnete Julian. „Und das haben wir nur Kija zu verdanken. Sie hat uns erst auf die Spur von Percy gebracht!“

„Ja“, sagte Kim und streichelte Kija unter dem Kinn. Prompt begann die Katze zu schnurren. „Was für ein kluges Tier. Aber ich hätte nie gedacht, dass ausgerechnet Percy ein falsches Spiel spielt.“

„Ich auch nicht“, erwiderte Leon. „Und mich würde brennend interessieren, was auf dem Zettel steht! Aber da kommen wir nie im Leben ran. Das Versteck ist ziemlich genial.“

Julian machte ein nachdenkliches Gesicht. „Stimmt, aber ich denke schon, dass wir eine Chance haben."

Leon schaute ihn überrascht an. „Was hast du vor?"

„Nun, normalerweise würde uns Percy wohl keinen Blick in sein Holzbein gestatten. Aber wenn er betrunken ist und schläft …"

Kim schüttelte energisch den Kopf. „Das ist viel zu gefährlich."

Julian lächelte. „Ein gewisses Risiko besteht natürlich. Aber wir können doch zumindest mal nachsehen, ob Percy überhaupt betrunken genug ist."

Die diesbezüglichen Zweifel der Freunde wurden schnell zerstreut. Denn auch der Smut zechte kräftig mit. Zudem hatte er den Vorteil, an der Quelle zu sitzen. Denn er war nicht nur der Herr der Kombüse, sondern auch der der Vorräte. Und jedes Fässchen Rum, das seinen Weg aus der Vorratskammer ans Oberdeck antrat, wurde erst mal von Percy begutachtet. Der Smut öffnete es und probierte den Inhalt ziemlich ausgiebig. Mit dem Ergebnis, dass er als Erster Schlagseite hatte wie ein leckgeschlagenes Segelschiff auf hoher See. Percy sang laut und schräg Seemannslieder und pendelte zwischen seinen Freunden am Oberdeck und der Kombüse hin und her.

Doch schließlich, es war bereits früher Morgen, schaffte Percy es nach einer weiteren intensiven Geschmacksprobe nicht mehr, die Niedergänge hinaufzuhinken. Er sackte auf einem Stuhl in der Kombüse zusammen, lehnte den Kopf gegen die Bordwand und begann zu schnarchen, dass die Deckel auf seinen Töpfen klapperten.

Die Freunde hatten den Smut nicht aus den Augen gelassen. Jetzt standen sie nur wenige Schritte von ihm entfernt. Praktischerweise hatte Percy das Holzbein ausgestreckt. Sie brauchten nur den Verschluss aufzudrehen …

„Jetzt“, wisperte Julian. „Jetzt müssen wir es wagen.“

„Bist du dir sicher?“, flüsterte Kim.

„Klar“, sagte Julian, wobei seine Stimme etwas zitterte, und setzte sich vor Percy auf die Planken.

Der Code

Julian schaute sich das Holzbein genau an. Der Fuß, wenn man es so nennen wollte, bestand aus einem runden Holzstück mit einem Durchmesser von etwa fünf Zentimetern und war offenbar hohl. Am unteren Ende saß die Verschlusskappe. Das Gewinde musste sich innen befinden. Eine solide handwerkliche Arbeit, zweifellos.

Julian fasste den schmalen Rand der Kappe an und drückte nach links. Nichts bewegte sich, und ihm war klar, dass er fester zupacken musste. Er schaute in Percys Gesicht. Der Smut schnarchte weiter, betäubt vom Rum. Sehr gut.

Julians linke Hand umschloss das Holzbein knapp unter dem Knie und hielt es fest. Mit der rechten Hand unternahm er einen zweiten Versuch, die Kappe zu lösen. Da, der Verschluss gab nach! Ein Lächeln huschte über Julians Gesicht, gleich war es so weit! Doch im selben Augenblick bewegte sich Percy und zog das Holzbein an.

Julian geriet in Panik. Wachte der Smut etwa auf? Nein, stellte der Junge erleichtert fest, er schlief noch immer selig.

Aber nun war das Holzbein leicht angewinkelt und die Kappe stand auf dem Boden. Julian begann zu schwitzen. Er blickte Hilfe suchend zu seinen Freunden. Konnte er es wagen, das Bein heranzuziehen?

Kija kam ihm zuvor. Sie wuselte zwischen den Beinen des Smuts hindurch und strich dabei so dicht an der Prothese vorbei, dass Percy das Bein wieder ausstreckte – mehr oder weniger in Julians Hände hinein.

Julian griff zu und schraubte rasch den Verschluss ab. Er schob seinen Zeigefinger in den Hohlraum und fühlte sogleich das Papier. Vorsichtig zog er es heraus und breitete es auf dem grob gezimmerten Kombüsenboden aus.

In diesem Moment verstummte das Schnarchen. Entsetzt starrten die Freunde zum Smut. Sein Mund stand offen, die Hasenzähne sahen so aus, als wollten sie gleich zuschnappen – und dann, endlich, ertönte wieder ein gewaltiger Schnarchlaut. Offenbar hatte Percy nur eine kleine Kunstpause in seinem Schnarchkonzert eingelegt.

Mit klopfenden Herzen beugten sich Kim, Leon und Julian über den geheimnisvollen Brief.

„Oh nein“, rief Julian, „was soll das denn heißen?“

„Psst, nicht so laut“, flüsterte Kim. Aber auch sie wurde aus dem Gekrakel nicht schlau. Dort war zu lesen:

nbdif ebt qvmwfs obtt
egeu jtu ejdiu ijoufs fvdi
esblf ebsg ojdiu foulpnnfo

Das Mädchen schüttelte den Kopf. „Was, um alles in der Welt, kann das heißen?“

Julian schwieg und konzentrierte sich auf das rätselhafte Papier vor ihnen.

Auch Leon dachte scharf nach. Ein Code funktionierte immer nach einem Muster. Meistens wurden dabei Buchstaben nach einer bestimmten Regel ausgetauscht. Er studierte die Buchstabenreihen. Welches Muster lag hier zugrunde?

Das Holzbein ruckte auf ihn zu und fast wäre Leon nach hinten gefallen. Mit jagendem Puls schaute er zu Percy. Doch der Smut hatte sich nur ein wenig im Schlaf bewegt. Nun zog er das Bein wieder an. Leon atmete einmal tief durch und richtete den Blick auf die scheinbar sinnlose Buchstabenfolge. Das f fiel ihm auf. Es schien besonders häufig vorzukommen. Leon zählte nach: Das f stand insgesamt sieben Mal in der merkwürdigen Botschaft. Welcher Buchstabe kam in normalen

Sätzen besonders oft vor? Das e? Leons Augen wurden schmal. Das konnte gut sein, ja, bestimmt war es das e. Wenn also das e in diesem Code durch ein f ersetzt worden war – dann …

Leon starrte gebannt auf den Brief. Er hatte eine Idee! Abwechselnd wurde ihm heiß und kalt. Seine Augen brannten, er murmelte Wörter vor sich hin, formte Sätze. Unvermittelt strahlte er Kim und Julian an.

„Ich hab's!", zischte er. „Ja, ich glaube, ich hab's!"

Julian und Kim hingen an seinen Lippen.

„In diesem Code ist jeder Buchstabe durch denjenigen ersetzt worden, der ihm im Alphabet folgt", erläuterte Leon. „Aus a wurde b, aus b wurde c, aus c wurde d und so weiter." Und dann las er seinen Freunden stockend den wahren Inhalt des Schreibens vor: „Mache das Pulver nass. Dfdt ist dicht hinter euch. Drake darf nicht entkommen."

Kim klopfte Leon anerkennend auf die Schulter. „Da wäre ich nicht drauf gekommen."

„Ich auch nicht", gab Julian zu. „Aber eins verstehe ich immer noch nicht: Wofür steht Dfdt?"

Leons Stirn lag in Falten. „Keine Ahnung …"

Da schnippte Kim mit den Fingern. „Das sind Initialen, Jungs. Und sie gehören zum spanischen Vizekönig Don Francisco de Toledo. Das ist der Mann, der das Kopfgeld auf Francis Drake ausgesetzt hat!"

Leon nickte. „Stimmt, das hat uns Percy doch selbst erzählt! Der Smut steckt mit dem Spanier unter einer Decke und soll das Pulver nass machen, damit sich die Golden Hind nicht verteidigen kann. Dann war es bestimmt Percy, der die Lichtsignale gegeben hat. Ich fasse es nicht. Nein, den Smut hatte ich nicht auf der Rechnung. Vermutlich haben wir William zu Unrecht verdächtigt."

„Was mir mehr Sorge macht, ist die Tatsache, dass uns die Spanier offenbar auf den Fersen sind. Der Vizekönig ist ja angeblich dicht hinter uns", warf Kim ein.

Julian rollte das Papier behutsam zusammen. „Ich habe das dumme Gefühl, dass die Cacafuego ein Köder war, Leute. Dieser Don Francisco ahnte womöglich, dass Drake dieses besonders reich beladene Schatzschiff entern wollte. Er legte den Köder aus, Drake schnappte zu und sehr, sehr bald wird es der Vizekönig sein, der zuschnappt." Und niemand war derzeit in der Lage, die Golden Hind zu verteidigen oder die Segel zu setzen, um zu fliehen. Die Mannschaft war sturzbetrunken. Bei diesem Gedanken rieselte Julian ein Schauer den Rücken hinunter. Aber vielleicht war Drake noch nüchtern! Auch John kam ihm in den Sinn. Doch zuerst mussten sie den Käpt'n warnen.

„Los, wir verkrümeln uns", sagte Julian leise und erhob sich.

Kim stand der Kombüsentür am nächsten und wollte auch schon hindurchwitschen. Doch ausgerechnet in diesem Moment streckte Percy sein Holzbein wieder aus und Kim stolperte darüber. Beim Versuch, sich abzustützen, riss sie einen Topf vom Herd. Es schepperte fürchterlich.

Der Smut schoss aus seinem Stuhl hoch und packte Kim am Arm. „Was is'n hier los?", brabbelte er mit schwerer Zunge.

Kim lächelte ihn an. „Alles bestens, schlaf weiter." Sie versuchte, sich aus dem harten Griff des Smuts zu befreien – aber es war sinnlos.

Percys Blick fiel auf den Boden. Der Brief, die Kappe! Er sah die Kinder wutentbrannt an und wirkte auf einmal gar nicht mehr so betrunken. Der Smut zog sein Messer aus dem Hosenbund und bedrohte Kim damit. „Wenn einer von euch eine falsche Bewegung macht, geht es der Kleinen schlecht", kündigte er an. Ohne Kim loszulassen, schwankte er zur Tür und steckte seinen Kopf hinaus.

„Filipe!", dröhnte seine heisere Stimme im nächsten Moment durchs Deck.

Die Gefährten warfen sich bange Blicke zu. Filipe? Der Navigator, der Mann, der sie zur Cacafuego geführt hatte? Na klar, jetzt fügte sich ein Puzzlestück zum anderen …

Keine zwei Minuten später drängte Filipe in die nun überfüllte Kombüse.

„Die Kinder haben die Botschaft gefunden“, sagte Percy missmutig. Er schien jetzt komplett nüchtern zu sein. „Was sollen wir mit ihnen machen? Über die Planke schicken?“

Filipe schüttelte den Kopf. „Nein, zu riskant. Irgendjemand würde es merken. Wir fesseln sie. Und wenn Don Francisco die Golden Hind versenkt, dann …“ Er brachte den Satz nicht zu Ende, sondern lächelte die Freunde hinterlistig an.

„Also gehörst auch du zu den Männern des Vizekönigs!“, rief Kim wütend.

„Wenn du weiter so rumschreist, werde ich dich nicht nur fesseln, sondern auch knebeln“, drohte der Smut.

Kim sah zu Boden. Sie kämpfte mit den Tränen. Ein dummer Zufall hatte alles kaputt gemacht! Und jetzt saßen sie hier in der Falle mit diesem bösartigen Riesenhasen und einem verschlagenen Navigator!

„Ja, aber du hast Recht, ich bin Don Franciscos Mann“, sagte Filipe im Plauderton, während er mit Percy begann, die Gefährten an Händen und Füßen zu fesseln. Da der Smut Kim nach wie vor mit seinem Messer bedrohte, wehrten sich die Freunde nicht.

„Meine Aufgabe war es, diesen verfluchten Drake in die Falle zu locken“, fuhr Filipe fort. „Wir hatten erfahren, dass sich Drake in Arica aufhielt. Ich wurde von Don Francisco gezielt auf ihn angesetzt. Schließlich wussten wir, wie gierig dieser englische Pirat ist. Also machte ich ihm die Cacafuego schmackhaft und bot an, ihn zu diesem Schiff zu führen.“

„Ja, und vorher hat er noch mich angeworben“, machte sich der Smut wichtig.

Filipe warf ihm einen finsteren Blick zu. Offenbar fand er Percys Einmischung unpassend. „Ja, richtig. Wir lagen ja mehrere Tage vor Arica und wir brauchten noch einen Mann aus der Besatzung. Percy war schnell mit dem Kopfgeld zu begeistern.“

„Einem Teil des Kopfgeldes“, verbesserte Percy ihn.

„Du quatschst gerade zu viel“, entgegnete Filipe unwirsch.

„Also hast du die Lichtsignale vom Schiff gegeben, Percy – in der Nacht, bevor wir aufbrachen“, stellte Leon fest.

Der Smut nickte. „Ja! Ich meldete unseren Leuten in der Spelunke, dass Drake angebissen hatte. Und im ersten Morgengrauen brach ein Schiff vor der Golden Hind auf, um Don Francisco zu unterrichten.“

Das unbeleuchtete Schiff im Nebel!, dachte Julian. Oh ja, dieses Schiff hatte es verdächtig eilig gehabt.

„Aber eure erste Falle in Callao schnappte nicht zu", sagte er mit gewisser Zufriedenheit.

„Nein, leider nicht", gab Filipe zu. „Ich hatte Drake dorthin gelockt, obwohl die Cacafuego bereits ein Stück weiter nördlich war. Wir wollten kein unnötiges Risiko eingehen und hatten das Schatzschiff aus der Schusslinie genommen. Sobald Drake in der Bucht war, wollten wir ihm den Rückweg abschneiden. Aber dann gelang ihm dieser Glücksschuss direkt in die Pulverkammer unserer angreifenden Galeone – und er entkam."

„Deshalb also kannte der spanische Kapitän, den Drake auf der Pinasse entführte, Drakes Namen", sagte Julian. „Die Spanier in Callao waren gewarnt."

Filipe lächelte selbstgefällig. „Natürlich. Das galt im Übrigen auch für San Juan de Anton, den Käpt'n der Cacafuego. Was glaubt ihr denn, warum der Widerstand so schwach war, als Drake sie angriff? Von Callao aus nahm der Vizekönig die Verfolgung auf – und jetzt sind wir kurz vor dem Ziel."

„So ist es", ergänzte der Smut. „Und nun werden wir doch lieber eure vorlauten Münder stopfen. Danach werden wir die Golden Hind verlassen. Hab keine Lust, an Bord zu sein, wenn sie in Stücke geschossen wird. Ach, wie freue ich mich auf das Kopfgeld. Ist bestimmt mehr wert als mein Anteil an der Beute der Cacafuego!"

„Vorher müssen wir noch unseren Käpt'n San Juan de Anton mitnehmen", erinnerte Filipe seinen Komplizen.

„Richtig. Auf Nimmerwiedersehen", höhnte Percy, als er mit Filipe die Kombüse verließ. Die Tür schlug zu und Dunkelheit senkte sich über die gefesselten und geknebelten Freunde.

Feuer auf dem Wasser

Na großartig, dachte Julian. Der Knebel trocknete ihm den Mund aus und seine Gelenke schmerzten, auch wenn die Stricke wenigstens so befestigt waren, dass das Blut zirkulieren konnte. Jeden Moment konnte der Angriff auf die Golden Hind erfolgen.

Julian starrte in die Dunkelheit. Es war so gut wie nichts zu erkennen. Nur unter der Kombüsentür sickerte ein wenig Licht hindurch. Schemenhaft erkannte Julian Leon und Kim, die in seiner Nähe hockten. Er hätte viel darum gegeben, sich mit ihnen unterhalten zu können.

Da erblickte Julian einen runden Umriss am Tischbein. Der Eimer mit den Kartoffelschalen, dachte er und seufzte. Wie oft hatten sie in den letzten Tagen die Erdäpfel geschält.

Geschält …? Julians Puls beschleunigte sich. Die Schälmesser! Lag eines von ihnen etwa in diesem Eimer? Der Junge dachte scharf nach. Ja, er glaubte, dass er sein Messer einfach in den Eimer hatte fallen lassen. Denn so hatte er es immer sofort zur Hand gehabt, ohne groß suchen zu müssen. Wenn er an das Messer herankäme, könnte er vielleicht die Fesseln durchtrennen! Er schätzte, dass der Eimer etwa zwei Meter von ihm entfernt stand.

Julian ließ sich langsam zur Seite kippen. Dann wand er sich wie eine Schlange zum Eimer. Jetzt hatte er ihn erreicht. Ein leichter Tritt mit den gefesselten Füßen und der Eimer kippte um. Es polterte, und Julian fürchtete schon, dass Percy oder Filipe etwas gehört haben könnten.

Nein, beruhigte er sich selbst, die haben jetzt ganz andere Dinge im Kopf. Womöglich sind sie gar nicht mehr auf dem Schiff. Julian schaute konzentriert auf den Haufen Schalen, der vor dem Eimer lag. Das Licht unter dem Türspalt fiel auf etwas, das matt leuchtete – das Messer! Auf Julians Stirn trat Schweiß. Wie konnte er das Messer zu fassen bekommen? Seine Hände waren auf dem Rücken gefesselt. Er drehte sich um und schob sich näher an den Schalenhaufen heran. Doch jetzt konnte er nichts mehr sehen, seine Hände tasteten vergeblich herum. So ein Mist!

Ein Miauen, ganz in der Nähe. Schon spürte der Junge das weiche Fell der schönen Katze an seinem Bein. Noch ein Miauen.

Kija!, dachte Julian voller Hoffnung. Konnte sie ihm helfen? Jetzt hörte Julian eine Art Rascheln und plötzlich spürte er an seinen Fingerspitzen ein Stück Metall! Das Messer! Kija hatte es ihm gebracht! Es gelang ihm, das Messer am Griff zu packen. Nach verschiedenen, äußerst unangenehmen Verrenkungen schaffte Julian es, die Klinge zwischen sein linkes Handgelenk und das Seil zu bekommen. Ein Glück, dass der Strick nicht zu fest geschnürt war. Dann begann er zu sägen. Er stöhnte vor Anstrengung.

Unvermittelt spürte er etwas Kühles mit langen Barthaaren. Kijas Näschen! Sie knabberte am Strick. Einige schmerzhafte Minuten vergingen. Doch dann war es geglückt: Mit einem letzten energischen Ruck durchtrennte Julian die Fessel! Sofort riss er sich den Knebel aus dem Mund. Dann öffnete er seine Fußfesseln und befreite Kim sowie Leon. Schließlich nahm er Kija in die Arme.

„Du bist einfach die Beste!“, krächzte er. Schnell schöpfte er Wasser aus der Tonne und trank.

Seine Freunde taten es ihm nach.

„Ohne dich wären wir aber auch aufgeschmissen gewesen“, sagte Leon.

Julian winkte ab. „Kommt, wir müssen die anderen warnen!“, rief er und riss die Kombüsentür auf. Sie rannten ins Heck der Golden Hind und jagten die dort schlafenden Matrosen aus ihren Hängematten. Dann ging es aufs Geschütz- und schließlich aufs Oberdeck.

Die Sonne war bereits aufgegangen und hatte den Himmel in ein warmes Morgenrot getaucht. Doch dafür hatten die Gefährten keinen Blick. Sie sausten zu Drakes Kajüte. Der Kapitän war gerade bei der Morgentoilette und reagierte zunächst etwas unwirsch auf das stürmische Klopfen der Kinder.

In wenigen Worten informierten die Freunde ihn. Dabei erkannten sie mit großer Erleichterung, dass Drake im Gegensatz zu seinen Matrosen ausgeruht und nicht verkatert war.

„Percy und Filipe?“, brüllte der Kapitän. „Diese verfluchten Verräter! Diego, wo bist du?“

Der Hüne stakste etwas unsicher zu ihnen heran.

„Aye, Sir?“

„Alle Mann an Deck!“, bellte Drake ihn an.

„Aye, Sir, aber bitte nicht so laut. Mein armer Kopf“, erwiderte Diego mit verkniffenem Gesicht.

„Wenn du nicht aufpasst, hast du gleich gar keinen Kopf mehr!“, antwortete Drake, während er seine Jacke zuknöpfte.

Über das Oberdeck taumelten die Matrosen heran. Auch William war darunter sowie John, der mit kleinen Augen auf die Freunde zulief.

„Was ist denn passiert?“, wollte er wissen.

Drake informierte seine Matrosen über den Verrat und den bevorstehenden Angriff.

„Au Backe“, sagte John nur und wirkte in diesem Moment ziemlich klein und hilflos.

Der Rest der Mannschaft war völlig durcheinander. Panik drohte auszubrechen.

„Alle Segel setzen! Wird’s bald?“, schrie Drake. „Der Rest geht auf Gefechtsstation! Und das Krähennest besetzen! Ich will sofort Meldung haben, ob dieser elende Don Francisco de Toledo schon naht!“

„Ich, ich mach’s!“, rief Leon, ohne lange nachzudenken.

Der Kapitän fuhr herum. „Du?“

Leon straffte die Schultern. „Ja, Sir!“

„Na gut, rauf mit dir! Und nimm das Fernrohr mit.“

Schon kletterte Leon hinauf. Das Fernrohr hatte er sich an einem Riemen umgehängt. Bereits nach wenigen Metern bereute er seinen Entschluss, aber nun gab’s kein Zurück mehr. Schließlich hatte er die kleine Plattform erreicht und schwang sich in den Korb. Er befahl sich, nicht nach unten zu schauen. Dann blickte er auf das Meer hinaus. Ihm stockte der Atem. Da rauschte ein großes Kriegsschiff heran! Zitternd spähte Leon durchs Fernrohr. Die Golden Hind schwankte schrecklich hin und her.

Leon suchte das Wasser ab und plötzlich sprang ihm das Kriegschiff förmlich ins Auge. Leon schluckte. Die Geschützluken waren geöffnet. Keine Frage, diese

Galeone war klar zum Angriff und das Ziel war die Golden Hind.

„Gefechtsbereites Schiff steuerbord!", schrie Leon, so laut er konnte. Er blickte nach unten und sah Drake winken. Komm runter, sollte das wohl heißen.

Leon gehorchte. Jetzt musste er nach unten sehen. Schwindel überkam ihn, aber er riss sich zusammen und bewältigte die halsbrecherische Kletterpartie.

Unterdessen gab die Mannschaft alles. Aber das meiste Pulver für die Kanonen war nass, eine Verteidigung schien damit ausgeschlossen. Und die Segel konnten auch nicht schnell genug gesetzt werden. Vom Achterkastell konnte man das feindliche Schiff bereits gut erkennen. Es kam rasch näher, rauschte unter vollen Segeln heran.

„Beeilt euch!", schrie Drake.

Aber es nützte nichts. Jedem an Bord der Golden Hind musste klar sein, dass sie es nicht schaffen würden.

„Sie werden uns eingeholt haben, bevor alle Segel gesetzt sind!", rief Diego voller Entsetzen. „Was sollen wir tun, Käpt'n?"

Drake blieb eine Antwort schuldig. Er zwirbelte seine Bartspitzen. Die Gefährten sahen, dass er scharf nachdachte.

„Käpt'n, Ihre Befehle?", fasste Diego nach. Er klang mutlos.

Drake umklammerte jetzt den Griff seines Säbels, als könne er damit den Angriff abwehren.

Da stürmte John heran. „Ich habe noch ein Fass mit trockenem Pulver gefunden. Percy hat es wohl übersehen", rief er aufgeregt.

Drake strich ihm über dem Kopf. „Gut gemacht, John. Aber ein einzelnes Fass wird uns nichts nützen." Er blickte nach achtern über das Deck hinaus. „Sie haben schon die Segel eingeholt und sind gleich in Schussweite. Das ist das Ende ..."

„Vielleicht nützt uns das eine Fass doch etwas", sagte da Kim, die eine Idee hatte.

Drake schaute sie verdutzt an.

In diesem Moment krachte es fürchterlich. Die Angreifer hatten ohne Vorwarnung die erste Breitseite abgefeuert. Einige Kugeln klatschten ins Wasser, aber andere fegten einen Teil der Reling von der Back und rissen die Nase des Galions ab. Schreie gellten über das Deck, Panik kam auf.

„Die Pinasse!", brüllte Kim. „Wir legen das Pulverfass in die Pinasse. Dann lassen wir das Boot auf die Angreifer zutreiben und schießen es in Brand. Das wird Don Francisco ablenken!"

Über Drakes Gesicht ging ein Leuchten. „Guter Plan,

in dir fließt Piratenblut!“ Dann gab er die entsprechenden Befehle.

In Windeseile wurde die Pinasse mit dem Fass zu Wasser gelassen. Drake zog eine Pistole und legte auf das Fass an. Doch da krachten die Kanonen der Angreifer ein zweites Mal. Diesmal hatten sie offenbar auf die Pinasse gezielt und Drake somit die Arbeit abgenommen. Die Pinasse wurde von mehreren Kugeln getroffen. Es folgte ein infernalischer Donnerschlag, verbunden mit einem grellen Blitz, als das Fass in die Luft flog. Die Pinasse ging jedoch nicht sofort unter, sondern stand als lichterloh brennendes Hindernis zwischen den Spaniern und den Engländern. Ein Trümmerteil krachte funkensprühend auf das Deck des spanischen Schiffs und löste dort einen Brand aus. Dunkler Qualm stieg von der Pinasse auf und nahm allen die Sicht.

Drake schaute nach oben zum Hauptmast.

„Alle Segel gesetzt!“, rief Diego, der den Kapitän beobachtet hatte.

„Sehr gut, sehr gut“, brüllte Drake. „Nur weg hier!“

Der Wind blähte die Segel und die Golden Hind nahm rasch Fahrt auf.

„Wir schaffen es, wir schaffen es!“, jubelte Julian, als er sah, dass der Abstand zu den Angreifern hinter der Wand aus Rauch schnell größer wurde. „Und dieser Don Francisco sieht nichts!“

„Außerdem muss die Mannschaft löschen. Und Don Francisco hat schon die Segel einholen lassen, um angreifen zu können!“, rief John. „Bis die wieder unter vollen Segeln stehen, sind wir über alle sieben Meere.“

Drake klopfte Kim, Leon und Julian anerkennend auf die Schultern. „Und zwar mit dem wunderbaren Schatz der Cacafuego, den wir nun nach England bringen werden. Das ist vor allem euer Verdienst. Ihr werdet einen großen Anteil von der Prise bekommen!“

Als sie an diesem Abend in einer namenlosen, unbewohnten Bucht vor Anker lagen, waren alle an Bord erschöpft, aber glücklich. Drake hatte noch eine Extraration Rum ausgeben lassen, doch alle waren früh in die Hängematten gefallen und schliefen bald.

Fast alle. Denn außer den beiden Wachen waren um Mitternacht noch drei Kinder und eine Katze hellwach. Julian, Kim, Leon und Kija schlichen den Niedergang zum Oberdeck hinauf. Dort warteten sie, bis die Wachen während ihrer Runde am Achterkastell waren. Dann huschten die Freunde nach vorn zum Fockmast. Dorthin, wo Tempus sie zu Beginn dieses Abenteuers auf die Golden Hind entlassen hatte. Am Mast vergewisserten sich die Freunde, dass niemand sie beobachtete. Sie warfen einen letzten, wehmütigen Blick auf das stolze Piratenschiff, mit dem sie Sturm und Kanonenkugeln getrotzt hatten, dessen Bauch gefüllt war mit Gold und wo John Drake, ein junger, stolzer Pirat jetzt tief und fest schlief.

Dann traten sie entschlossen auf den Fockmast zu. Unbemerkt glitten sie durch das Holz, verschwanden darin und verließen das Schiff. Tempus holte sie heim nach Siebenthann.

Klar zum Entern

Eine Woche nach ihrer Rückkehr in die Heimat waren die Freunde wieder auf dem Weiher von Siebenthann unterwegs. Seit ihrem Abenteuer auf der Golden Hind verbrachten sie mehr Zeit als früher auf dem Wasser. Kija war längst nicht mehr so scheu und unsicher, wenn sie an Bord ging, und Leon spielte sogar mit dem Gedanken, einen Segelschein zu machen. Doch jetzt gerade hockte er mit Julian wieder an den Riemen und ruderte das gemietete Boot über den See, während Kim mit Kija im Heck saß.

„Anderes Ruderboot hart steuerbord voraus!“, rief sie ganz im Tonfall von Francis Drake.

„Ist es vielleicht ein Schatzschiff? Können wir es entern, Käpt’n?“, erwiderte Leon mit einem gewissen Leuchten in den Augen.

„Mal sehen, wir müssen näher heran“, kam es zurück. „Volle Kraft voraus!“

Julian verzog das Gesicht. „Sollen wir die Plätze tauschen?“

„Ruhe an Deck!“, erwiderte Kim und lächelte, während ihr Ruderboot auf das andere zurauschte.

„Oje“, entfuhr es ihr wenig später. „Das sind ja Maximilian, Jonas und der dicke Nils!“

„Sollen wir beidrehen?“, fragte Julian.

„Quatsch“, rief Leon angriffslustig, „sollen die doch ausweichen.“

Kim bemerkte, wie die drei anderen Jungen zu ihnen hinüberblickten. Auf ihrem Kahn brach Hektik aus. Er begann heftig zu schwanken, Ruder klatschten ins Wasser.

„Huhu!“, rief Kim. „Da sind wir wieder!“ Ein kurzer Blick zu Kija, die auf ihrem Schoß saß. Die Katze verfolgte den Angriff interessiert, aber gänzlich unaufgeregt.

Einige Flüche erklangen vom anderen Boot. Nils stand dort und gab Kommandos. Der Kahn wurde schneller, Nils ließ sich schwerfällig auf die Bank plumpsen, beugte sich vornüber und paddelte mit den Händen.

„Die haben es aber eilig!“, rief Kim fröhlich.

„Sie fliehen!“, sagte Leon, der über die Schulter geschaut hatte. „Wirklich schade.“

Zufrieden hörte Julian auf zu rudern. „Scheinbar haben sie Angst vor uns.“

Leon grinste. „Tja, unser letztes Zusammentreffen haben sie wohl nicht vergessen.“

„Wie dem auch sei“, ergänzte Kim. „Ein großer Seesieg ist es auf alle Fälle. Den sollten wir feiern, Jungs. Wie wär’s mit einem kleinen Abstecher zum Venezia?“

„Aye, Käpt’n!“, riefen Julian und Leon im Chor.

Sir Francis Drake, der Pirat der Königin

Pirat, Entdecker, Admiral, Weltumsegler: Francis Drake ist zweifellos einer der berühmtesten Seefahrer der Geschichte. Er wurde als ältestes von zwölf Kindern um 1540 in Crowndale, England, geboren. Sein Vater war Pfarrer und brachte ihm Lesen und Schreiben bei. Bereits mit dreizehn Jahren begann Drake seine Ausbildung zum Seemann. Schnell arbeitete er sich hoch, war bereits mit zwanzig Jahren Steuermann. Ein Kapitän, der keine Kinder hatte, vererbte ihm sein Schiff. Drake pendelte zwischen England und den heutigen Niederlanden hin und her und verkaufte Waren. Doch dann verbot Spanien, die damals führende Seemacht, allen Engländern, Handel mit den Niederlanden zu treiben. Drake musste sein Schiff verkaufen und heuerte bei seinem Vetter, *John Hawkins*, an. Mit Hawkins segelte Drake 1567 zu den *Kapverdischen Inseln*, versklavte dort afrikanische Einwohner und brachte sie nach Mittelamerika, wo die Menschen verkauft wurden – trotz des Verbots der Spanier, die keine Konkurrenz beim

Sklavenhandel duldeten. Prompt gab es die ersten Gefechte mit spanischen Schiffen, aus denen Drake und Hawkins meistens siegreich hervorgingen. Ab 1570 brach Drake mehrfach mit einigen Schiffen in die Karibik auf. Nicht der Sklavenhandel stand bei diesen Fahrten im Vordergrund, sondern Überfälle auf spanische Handelsschiffe, die Gold und Silber aus den mittel- und südamerikanischen Minen geladen hatten und auf dem Weg nach Spanien waren. Schnell machte sich Drake einen Namen als gefürchteter Pirat, der nicht zu fassen war. In dieser Zeit nahm er auch einen ehemaligen afrikanischen Sklaven an Bord, von dem nur der Vorname bekannt ist: Diego, der auch in diesem Roman eine Rolle spielt. Diego wurde ein enger Vertrauter von Drake und begleitete ihn auf vielen Reisen – ebenso sein Neffe John, der 1575 als Teenager zur Mannschaft stieß.

Im Jahr 1577 brach Drake mit hundertfünfzig Mann Besatzung auf fünf Schiffen (von denen jedoch nur eins – die Golden Hind – die Heimat drei Jahre später wieder erreichen sollte) zu einer Weltumseglung auf. Seine Route führte ihn zunächst von England durch den Atlantik zur Südspitze Südamerikas. Von dort ging es Richtung Norden bis Mittelamerika, nach Westen durch den Pazifik, durch den Indischen Ozean bis zum Kap der Guten Hoffnung (Südspitze Afrikas) und an der

Westküste Afrikas hinauf bis zurück nach England, wo er 1580 reich beladen wieder ankam. Damit hatte Drake als erster Engländer die Welt umsegelt.

Bei dieser Tour gelang ihm auch sein kühnstes Piratenstück: der Überfall auf die Cacafuego im Jahr 1579. Tatsächlich muss Drake zu einer List gegriffen haben, um dieses militärisch haushoch überlegene Schiff zu entern. Vermutlich täuschte er Seenot vor und überwältigte dann die arglose Mannschaft der Cacafuego, der er jedoch kein Haar krümmte. Dass die Cacafuego als Lockmittel eingesetzt wurde, um dem bei den Spaniern verhassten Drake endlich das Piratenhandwerk zu legen, beruht jedoch auf der dichterischen Freiheit des Autors. Fakt aber ist, dass der spanische Vizekönig ein hohes Kopfgeld auf Drake ausgesetzt hatte.

Am 4.4.1581 besichtigte Königin Elisabeth I. in London die inzwischen berühmte Golden Hind und schlug Drake als Anerkennung für seine Weltumseglung und die Erfolge gegen die Spanier zum Ritter. Von jetzt an hieß er *Sir* Francis Drake.

Von 1585 bis 1586 unternahm Drake weitere Kaperfahrten, die aber wirtschaftlich gesehen Fehlschläge waren. Die Spanier reagierten dennoch zunehmend gereizt auf die Übergriffe. 1587 rüsteten sie zu einem Angriff auf England und wollten große Schiffsverbände in der Stadt Cadiz zusammenziehen. Die Engländer bekamen Wind davon und schickten Drake los, die Angriffsvorbereitungen der Spanier zu stören. Drake griff mit fünfundzwanzig Schiffen an und zerstörte nach und nach insgesamt rund hundert Kriegs- und Versorgungsschiffe, die auf dem Weg nach Cadiz waren.

Die spanischen Vorbereitungen kamen dadurch kurzzeitig zum Erliegen, im August 1588 griff jedoch ein Verbund (Armada) von hundertdreißig Schiffen mit zweitausendsechshundert Kanonen und fünfundzwanzigtausend Soldaten an. Die Engländer stellten sich den Spaniern mit hundertvierzig Schiffen und achtzehntausend Männern entgegen. Einer der insgesamt sieben Befehlshaber war Drake. Im Ärmelkanal kam es zu einer zehntägigen Schlacht. Auf beiden Seiten gab es schwere Verluste. Aber den Engländern gelang es, die beiden Flaggschiffe der Spanier zu zerstören. Außerdem richteten sie große Schäden an, indem sie unbemannte, mit Sprengstoff gefüllte Boote in die Armada treiben und sie dort explodieren ließen. Schwere Stürme brachten den Angriff der Spanier endgültig zum Erliegen.

Im darauffolgenden Jahr überredete Drake die Königin, einen Gegenangriff zu starten. Drake kommandierte hundertfünfzig Schiffe. Doch der Angriff wurde eine Katastrophe. Rund zwölftausend Männer kamen bei dem Unternehmen ums Leben, nur Teile der Flotte kehrten nach England zurück. Königin Elisabeth ließ

Drake fallen. Die nächsten Jahre musste er sich mit einem einfachen Abgeordnetenposten im Parlament begnügen.

Das war auf Dauer nichts für Drake. 1595 brach er erneut zu Beutezügen nach Mittelamerika auf, diesmal mit fünfundzwanzig Schiffen. Doch auch diese Fahrt war nicht von Erfolg gekrönt, der Widerstand der Spanier heftig, die Beute gering. Am 28. Januar 1598 starb Drake an Bord an der Ruhr, einer schweren Infektionskrankheit.

Drake war schon zu Lebzeiten ein Held. Er galt als tief religiös, tolerant, mutig und entscheidungsfreudig – aber auch als ich-bezogen und mitunter grausam. Heute erinnert im Hafen der britischen Stadt Plymouth eine große Statue an den weltberühmten Seefahrer.

Glossar

Achterkastell Aufbau am hinteren Teil eines Schiffes, der ein wenig an eine Holzburg erinnert

achtern alles im hinteren Teil eines Schiffes

Ankerwinde Vorrichtung zum Heben des Ankers

Arica nördlichste Stadt Chiles, heute knapp 200.000 Einwohner. Arica wurde 1540 von spanischen Seeleuten gegründet und war zunächst ein Piratennest und später ein kleiner Handelsstandort.

Astrolabium Gerät zur Winkelmessung am Himmel. Damit berechneten die Seefahrer im Mittelalter die Höhe der Gestirne über dem Horizont und konnten somit ihren Breitengrad ermitteln.

Back ein Aufbau auf dem Vorschiff

backbord die linke Seite eines Schiffes (von achtern nach vorn gesehen)

Besanmast der hinterste Mast auf einem Segelschiff

Bilge Raum im untersten Teil eines Schiffes, wo sich Wasser sammelt. Dort stinkt es oft gewaltig.

Bonny, Anne berühmte Piratin, um 1690 in Irland geboren. 1720 wurde sie gefangen genommen und zum Tode verurteilt – aber begnadigt, als bekannt wurde, dass sie schwanger war. Danach verliert sich ihre Spur.

Bootsmann Dienstgrad auf einem Schiff. Der Bootsmann war für den Zustand des Schiffs verantwortlich, oftmals aber auch für die Disziplin der Mannschaft.

Breitseite Wenn alle Geschütze von der Längsseite eines Schiffes gleichzeitig feuern, spricht man von einer Breitseite.

Bugspriet über den Bug von Segelschiffen hinausragendes Rundholz, an dem ein Segel befestigt wurde

Cacafuego spanisch: Feuerspucker, Spitzname des berühmten spanischen Schatzschiffes *Nuestra Señora de la Concepcion*, etwa 100 Mann Besatzung, 30 Kanonen

Callao Hafenstadt in Peru, heute etwa 820.000 Einwohner. Callao wurde 1537 vom spanischen Eroberer Francisco Pizarro gegründet und wurde schnell zum wichtigsten Hafen für den spanischen Handel im Pazifikraum.

Davis-Quadrant nach dem bekannten Seefahrer und Erfinder John Davis (1527–1605) benanntes Navigationsgerät, mit dem man die Position eines Schiffes zur Sonne bestimmen konnte

Diego enger Freund von Francis Drake. Diego war ein ehemaliger afrikanischer Sklave, der fliehen konnte und bei Drake anheuerte. Er wurde ein enger Vertrauter Drakes und unternahm mit ihm auch die Weltumseglung. Diegos Geburts- und Todesjahr sind nicht bekannt.

Don Francisco de Toledo spanischer Heerführer und Vizekönig von Peru. Er lebte vom 10.7.1515 bis zum 15.8.1582.

Donnerbüchse kurzläufiges Gewehr, das wie ein Schrotgewehr einen Hagel von Bleikugeln abfeuern konnte

Drake, Francis berühmter Pirat, Entdecker und erster englischer Weltumsegler

Drake, John Neffe von Franics Drake, zum Zeitpunkt der Handlung etwa 14 Jahre alt. Demnach um 1565 geboren. Das Todesjahr ist unbekannt.

Dukat (Mehrzahl Dukaten) Goldmünze, die im Mittelalter ab 1284 in ganz Europa, aber auch in den Kolonien als Zahlungsmittel benutzt wurde und als erste Weltwährung gilt

Elisabeth I. englische Königin, die vom 7.9.1533 bis zum 2.4.1603 lebte

Enterhaken entweder eine Stange mit mehreren Haken am Ende oder ein Seil mit einem dreizackigen Widerhaken am Ende. Mit einem Enterhaken konnte man ein feindliches Schiff an das eigene heranziehen, um es zu entern.

entern das Erobern eines feindlichen Bootes (abgeleitet vom englischen *to enter* = betreten)

Flaggschiff das Schiff eines Flottenverbandes, auf dem sich der Kommandant befindet

Fockmast der vorderste Mast auf einem Segelschiff

Galeone Segelschiffstyp aus dem 16. und 17. Jahrhundert. Galeonen waren große Kriegsschiffe mit mehreren Kanonen und drei bis vier Masten.

Galion eine oft spitz zulaufende Plattform am Bug des Schiffes unterhalb des Bugspriets, an dem häufig auch eine schmückende Galionsfigur angebracht ist

Geschützdeck Deck, auf dem die Kanonen untergebracht sind

Gezeit das durch Sonne und Mond beeinflusste Fallen und Steigen des Wassers. Etwa vier Mal in 25 Stunden steigt oder fällt der Meeresspiegel, was an Küsten für Strömungen sorgt.

Golden Hind englisch: goldene Hirschkuh, Drakes Flaggschiff, 60 Mann Besatzung, 18 Kanonen, 26 Meter lang und 5,6 Meter breit

Hauptmast der größte Mast in der Mitte eines Seglers

Hawkins, John Vetter von Francis Drake, Seefahrer, Sklavenhändler, lebte von 1543 bis 1595

Hellebarde bis zu zwei Meter lange Hieb- und Stichwaffe, die im 14., 15. und 16. Jahrhundert populär war

Heuer Lohn der Seeleute

Kajüte Wohn- und Schlafraum auf Booten

kalfatern das Abdichten der Nähte in Rumpf und Deck eines Schiffs mit geteertem Werg

Kapverdische Inseln Inselstaat mit neun bewohnten Inseln vor der Westküste Afrikas

Kombüse Küche auf einem Schiff. Früher wurde der Herd mit Holz befeuert. Deshalb lag die Kombüse immer möglichst weit von der Pulverkammer entfernt.

Krähennest der Ausguck auf einem Segelschiff; die zu einem Korb ausgebaute Plattform an der Spitze eines Mastes.

Längsseits parallel zu (einem Schiff zum Beispiel)

Lenzpumpe mit der Hand (und später auch mit Maschinen) betriebene Pumpe, mit der eingedrungenes Wasser aus dem Schiff hinausgepumpt werden konnte

Lima Hauptstadt Perus, heute etwa 6,5 Millionen Einwohner. Lima wurde am 18.1.1535 vom spanischen Eroberer Francisco Pizarro gegründet.

Luk Öffnung zum Be- und Entladen eines Schiffes, auch Öffnung für Geschütze in der Bordwand

Masttopp Mastspitze

mittschiffs alles, was in der Mitte eines Schiffs gelegen ist

Muskete schweres Gewehr mit langem Lauf, das von vorn geladen wurde und im 16. Jahrhundert populär war

Niedergang Treppe auf einem Schiff, die die Decks miteinander verbindet

Nuestra Señora de la Concepcion spanisch: Unsere liebe Frau der unbefleckten Empfängnis, richtiger Name der Cacafuego

Oberdeck das Deck, das den Bootsrumpf nach oben hin abschließt und ihm seine Festigkeit gibt. Das Oberdeck ist häufig mit einigen Aufbauten versehen – zum Beispiel mit einem Achterkastell.

Philipp II. spanischer König, wurde am 21.5.1527 geboren, regierte Spanien von 1556 bis zu seinem Tod am 13.9.1598

Pinasse großes, bis zu zwölf Meter langes Beiboot, das bis zu acht Ruderbänke hatte

Prise ein erbeutetes Schiff und/oder seine Ladung

Rahen Rundhölzer, die waagerecht vor einem Mast angebracht sind. An einer Rah ist das rechteckige Rahsegel befestigt.

reffen das Verkleinern einer Segelfläche, zum Beispiel bei Sturm

Reling an der Bordwand angebrachtes Geländer

Riemen längeres, mit beiden Händen bewegtes Ruder

Ruderpinne mit dem Ruder verbundener einarmiger Hebel zur Betätigung des Ruders

Schanzkleid massive Erhöhung der Bordwand über einem freien Deck am Bug. Das Schanzkleid soll überkommendes Wasser abweisen. Das Wasser, das trotzdem an Deck kommt, läuft über die Speigatten wieder ab.

Señor spanisch: Herr

Skorbut Erkrankung, die durch einen Mangel an Vitamin C hervorgerufen wird; die Folgen sind Zahnfleischbluten und Zahnausfall. Diese Krankheit war früher bei Seeleuten stark verbreitet.

Smut auch Smutje genannt: der Koch an Bord

Spant (Mehrzahl Spanten) Verstärkung des Schiffsrumpfes, das Gerippe oder Skelett eines Schiffes

Speigatt Öffnung im Schanzkleid oder in der Reling, durch die Regen- oder Wellenwasser wieder ablaufen kann

steuerbord die rechte Seite eines Schiffs (von achtern nach vorn gesehen)

Störtebeker, Klaus berühmtester deutscher Pirat, um 1360 geboren, 1402 in Hamburg enthauptet

Stratsegel kleines dreieckiges Segel, das zum Beispiel am Bugspriet befestigt wird

Sturmsegel kleines, bei Sturm als einziges gesetztes Segel

Takelage die Gesamtheit von Masten, Segeln und Tauwerk eines Segelschiffes

Treibanker Sie sollen die Fahrt eines Schiffs verlangsamen, ohne den Grund zu berühren, oder ein Schiff in einer bestimmten Strömung halten. Ein Treibanker hat daher nichts mit einem normalen Anker zu tun.

Vorderkastell Aufbau am vorderen Teil eines Schiffs, der ein wenig an eine Holzburg erinnert

Wanten Taue zur seitlichen Abstützung der Masten. Bei Segelschiffen sind die Wanten durch *Webeleinen* zu Strickleitern verbunden.

Webeleinen Taue zwischen den Wanten zum Ersteigen der Masten

Werg Flachsfasern, die beim Kalfatern als Dichtungsmaterial verwendet werden

Die Zeitdetektive

Spannende Reisen durch die Zeit

Habt ihr schon mal einen Abstecher auf die Homepage

www.zeitdetektive.de

gemacht? Dort könnt ihr selbst einen Ausflug in den geheimnisvollen **Zeit-Raum Tempus** machen, euch im **Forum** mit anderen Fans austauschen und am **Zeitdetektiv-Lexikon** mitschreiben. Außerdem erfahrt ihr natürlich alles über den **Autor Fabian Lenk!**

Geschätzte Leser!

Ihr könnt euch sicher vorstellen, dass eine edle ägyptische Katze wie ich normalerweise einen großen Bogen um ein nasses, schmutziges Piratenschiff machen würde.

Aber hätte ich Julian, Kim und Leon etwa allein auf große Fahrt gehen lassen sollen? Das hätte böse ausgehen können. Aber meine Hilfe brauchen die Freunde ja wirklich nur in Notfällen. Ich bin immer wieder beeindruckt, was sie alles wissen.

Euch kenne ich natürlich nicht, aber wie wärs, wenn ich euch teste?

Mit der richtigen Antwort auf meine Frage könnt ihr auf

www.zeitdetektive.de

spannende Fakten über die berühmte Piratin Anne Bonny erfahren!

Frage:
Wann wurde Anne Bonny geboren?

- **um das Jahr 1690** **44n668**
- **um das Jahr 1750** **46s648**
- **um das Jahr 1830** **48d646**

Gebt auf der Homepage einfach den Code ein, der hinter der richtigen Antwort steht – ich bin mir sicher, ihr werdet die Nuss knacken. Kleiner Tipp: Das Glossar in diesem Buch ist sehr hilfreich!

Es grüßt euch hochachtungsvoll

eure Kija